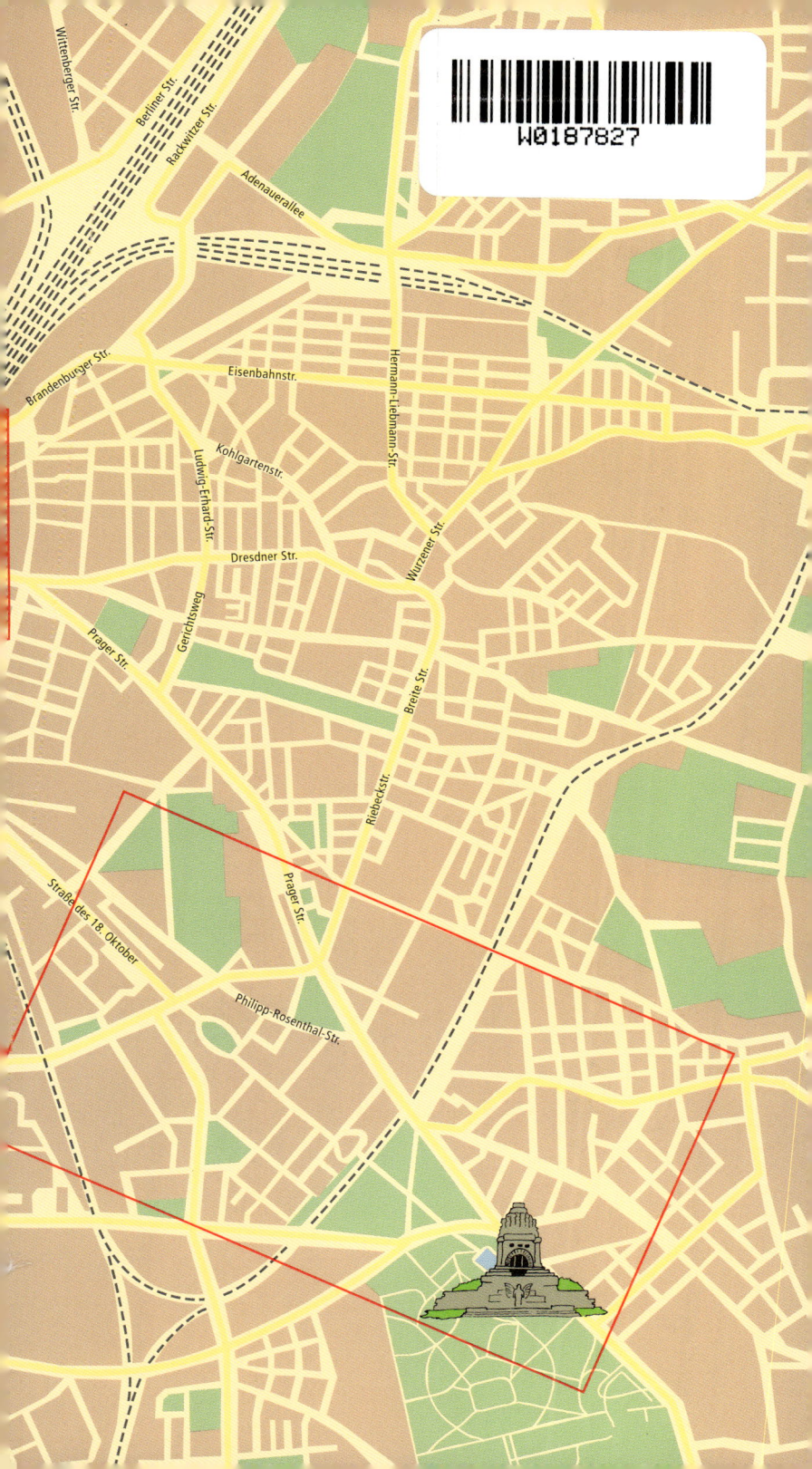

Ine Dippmann
Uwe Schimunek

Leipzig mit Kindern

Der Stadtführer zum Mitmachen, Raten, Selbst-Entdecken

Jaron Verlag

Abbildungen
Bundesarchiv: S. 33 o. (Bild 183-B0706-0091-001/Koch,
Heinz/CC-BY-SA), 71 u. (Bild 183-T0324-0008/Gahlbeck,
Friedrich/CC-BY-SA)
Frach, Matthias: alle Lageskizzen
Hofmann, Thomas: alle Piktogramme
Alle anderen Fotos: Uwe Schimunek

Originalausgabe
1. Auflage 2015
© 2015 Jaron Verlag GmbH, Berlin
www.jaron-verlag.de
Karte (S. 1): Matthias Frach, Berlin
Liniennetzplan (S. 96): Leipziger Verkehrsbetriebe (LVB) GmbH
Umschlaggestaltung: Bauer + Möhring, Berlin, unter Verwendung
einer Zeichnung von Thomas Hofmann und eines Fotos von
Günter Schneider, Berlin (City-Hochhaus)
Satz und Layout: Prill Partners | producing, Barcelona
Lithographie: Bild1 Druck GmbH, Berlin
Druck und Bindung: Westermann Druck Zwickau GmbH, Zwickau

ISBN 978-3-89773-940-6

Willkommen in Leipzig

Klein-Paris, Klein-Venedig, Heldenstadt, Musikstadt, Sportstadt, Universitätsstadt, Messestadt – die Leipziger haben viele Gründe, stolz auf ihre Stadt zu sein. Es ist eine weltoffene und moderne Stadt, von der die Gäste genauso fasziniert sind wie die Einheimischen. Leipzig ist eine der am schnellsten wachsenden Städte Deutschlands. Immer mehr Menschen ziehen nach Leipzig, und immer mehr gründen hier eine Familie. Besonders für Kinder hat die Stadt jede Menge zu bieten: witzige Events und interessante Traditionen, Wälder und Parks zum Austoben, Strände und Seen für heiße Tage. Langeweile gibt es nicht – im Gegenteil: Oft hast du die Qual der Wahl!

Wo singen die Thomaner? Mit wem sitzt der Teufel Mephisto vor der Kneipe? Warum bestimmt ein Weisheitszahn das Gesicht der Stadt? In diesem Buch gibt es die Antworten. Mit ihm kannst du durch die Stadt ziehen und sie Stück für Stück selbst entdecken. Du bekommst viele interessante Informationen zur Geschichte der Stadt und lernst aufregende Geschichten über die Stadt kennen.

Auf elf spannenden Touren, die auch deinen Eltern noch manch Neues bieten werden, wirst du durch Leipzig geführt: durch die Innenstadt und den Zoo, aber auch zu den Seen im Süden und dem Neuen Messegelände im Norden der Stadt.

Stets an deiner Seite ist der lustige Zeitungsjunge Leo. Er kennt die Stadt in- und auswendig und hat immer einen guten Tipp, damit du mit deiner Familie oder Schulklasse die Stadt so richtig genießen kannst: Wann findet das nächste Spektakel statt, wo gibt es das leckerste Essen?

Wie viel du schon über Leipzig weißt, kannst du testen, indem du dich an den Rätseln versuchst.

Wer abseits der vorgeschlagenen Touren unterwegs ist, findet im Service-Teil viele Anregungen, die Stadt auf eigene Faust zu erkunden.

Die Sachsen gelten als „gemiedlich", sie sind gern „dorheeme" (zu Hause), aber sie sind auch Tüftler mit Humor. „Mir Saggsn, mir sin helle, das weeß de ganse Weld. Un wemmer ma ni helle sin, dann hammer uns verschdelld!"

Viel Spaß in Sachsens heimlicher Hauptstadt!

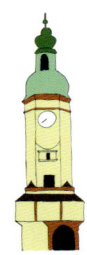

Leipzigs Mitte
Rund um den Markt

Bilder-museum

Alte Handelsbörse

Grimmaische Straße

Zeitgeschichtliches Forum

Altes Rathaus

Katharinenstraße

MARKT

Petersstraße

Drallewatsch

Hainstraße

Barfuß-gäßchen

Thomasgasse

Klostergasse

N

♦ Start: Marktplatz

Wie kommst du zum Start?
♦ S-Bahn S1, S2, S3, S4, S5 Markt ♦ Bus 89 ♦ Straßenbahn 9 Thomaskirche ♦ Auto Parkhaus Marktgalerie

Der Zeitungs-junge Leo ist wie die meisten Leipziger froh, in einer Stadt mit einem richtigen Mittelpunkt zu wohnen. Das Gebiet inner-halb des Stadtringes nennt er gern City.

Leipzig ist seit über 800 Jahren eine Handels-stadt. Hier kreuzten sich einst zwei große Handelsstraßen, die durch ganz Europa führ-ten: die Via Regia und die Via Imperii. Zinn, Kupfer, sächsisches Silber, aber auch Pelze, Sei-de und Edelsteine wurden in Leipzig auf Jahr-märkten gehandelt. Daraus entstanden später die Messen. Die Handelshäuser haben das Bild der Innenstadt geprägt. Aus Platzmangel wurde sogar unter dem Markt eine Messehalle gebaut. Den Eingang gibt es noch: Er führt heute zum City-Tunnel mit der S-Bahn. Zweimal in der Woche lockt der Frischemarkt zum Bummeln und Einkau-fen: dienstags und freitags, jeweils von 9 bis 17 Uhr.

Altes Rathaus

Am Marktplatz findest du das Alte Rathaus. Schon im 14. Jahrhundert haben die stolzen Bürger der Stadt an dieser Stelle Rat gehalten. Der berühmte Kaufmann und Bauherr Hieronymus Lotter ließ das Rathaus 1556/57 erbauen. Heute ist hier das Stadtgeschichtliche Museum untergebracht. Dort kann man sehen, wie sich die Stadt

Am Turm des Rathauses findest du den „Verkündigungsbalkon", von dem aus früher die Ratsherren zum Volk sprachen. Heute wird dort oben während des Weihnachtsmarkts musiziert. Wer spielt dort jeden Tag um 18 Uhr?

☐ Die Kellerkinder   ☐ Die Hofmusikanten   ☐ Die Turmbläser

entwickelt hat. In alten Kellergewölben gibt es sogar noch Gefängniszellen mit Folterinstrumenten. Besucher bis 18 Jahre kommen kostenlos ins Museum.

Der Zeitungsjunge Leo schaut vom Markt auf das Rathaus. Dessen Turm ist nicht genau in der Mitte. Er befindet sich etwas weiter links, man sagt: im goldenen Schnitt. Dabei ist das Verhältnis der ganzen Strecke zum großen Teilabschnitt genauso groß wie das Verhältnis des großen zu dem kleinen Abschnitt. Architekten und Künstler nutzen den goldenen Schnitt gern, weil er unserem Auge besonders gefällt.

Andere wichtige Gebäude am Markt

Der Markt ist nicht nur der Mittelpunkt der Stadt, hier findest du auch viele der interessantesten Gebäude Leipzigs. Zwar wurden im Zweiten Weltkrieg viele Häuser zerstört, aber danach wurde kräftig wiederaufgebaut.

Das bekannteste Haus an der Nordseite ist wohl die Alte Waage, das Eckhaus zur Katharinenstraße. An dieser Stelle befand sich früher das Zentrum der Leipziger Messe. Hier wurden alle Waren gewogen, damit die Zölle erhoben werden konnten.

Mephisto, der Teufel, erzählt:

Du findest mich in der Mädler-Passage vor der berühmten Gastwirtschaft „Auerbachs Keller". Der Mann neben mir ist die wichtigste Figur in der deutschen Literatur: Faust! Ein Dichter hat seine Geschichte in Versen erzählt. Faust klagt: „Da steh ich nun, ich armer Tor! Und bin so klug als wie zuvor." Er will unbedingt erkennen, „was die Welt im Innersten zusammenhält". Schließlich habe ich ihm angeboten, ihm die Welt zu zeigen. Dafür sollte ich seine Seele bekommen, falls er zu einem Augenblick sagt: „Verweile doch! du bist so schön!" Doch dazu ist es nie gekommen. –
Der Dichter hat als Student in „Auerbachs Keller" gespeist und getrunken. Wie hieß er?

J o . . n n   W . . f g . . g   v . n

G . . t h .

An der nordwestlichen Ecke des Marktes befindet sich Barthels Hof. Der Kaufmann Gottlieb Barthel ließ diesen Messehof von 1747 bis 1750 erbauen. Pferdekutschen konnten auf der einen Seite hinein- und auf der anderen wieder hinausfahren und wurden im Hof be- und entladen. Rund 40 solcher Durchgangshöfe hat es einst gegeben.

Die Mädler-Passage am Südende des Marktes ist die schönste Ladenpassage der Stadt. Sie ist 142 Meter lang und wurde 1914 als Messehaus eröffnet. Gleich am Eingang empfangen dich die Statuen von Faust und Mephisto – sie möchten dich in das berühmte Restaurant „Auerbachs Keller" locken.

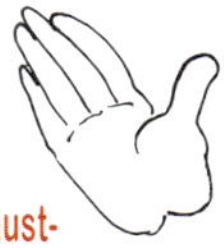

Der Zeitungsjunge Leo legt seine Hand auf den Schuh der Faust-Statue vor Auerbachs Keller. Das bringt Glück, sagen die Leipziger. Und weil sie und ihre Gäste so oft nach dem Glück greifen, glänzt der Schuh der Faust-Figur gülden. Ob das Anfassen wirklich Glück bringt? Probier's doch mal!

Drallewatsch

Zeitungsjunge Leo lacht gerne und mag den sächsischen Humor. Viele Gäste kommen von weit her, um die berühmten Leipziger Kabaretts und Kleinkunstbühnen zu besuchen. Direkt am Markt ist das „Leipziger Central Kabarett", in der Mädler-Passage das „Sanftwut", in der Katharinenstraße die „Leipziger Pfeffermühle". Auch die „Leipziger Funzel" (Strohsack-Passage) und die „Academixer" (Kupfergasse) sitzen gleich um die Ecke.

Vom Markt führt das Barfußgässchen in das bekannte Kneipenviertel mit dem schönen sächsischen Namen Drallewatsch. Nur ein paar Meter vom Markt entfernt, in der Kleinen Fleischergasse 4, befindet sich das älteste Kaffeehaus Deutschlands – „Zum Arabischen Coffe Baum". Hier tranken schon berühmte Künstler wie der Komponist Robert Schumann ihren Kaffee. Bis heute ist die Gastwirtschaft sehr beliebt. In mehreren Räumen zeigt ein Museum die Geschichte des Kaffees in Sachsen.

Die Amüsiermeile mit den vielen Kneipen nennt sich Drallewatsch. Wofür steht das sächsische Wort? Frag doch mal einen Leipziger!

☐ Essen bis zum Platzen
☐ Etwas erleben
☐ Kneipenschlägerei

Zeitgeschichtliches Forum

Das bonbonrote Trabi-Cabrio ist eines der witzigsten Ausstellungsstücke im Zeitgeschichtlichen Forum. Die Schau zeigt das Leben in der DDR bis zu deren Ende 1990 und der Wiedervereinigung Deutschlands. Hier erfährst du viel über die schlimmen Seiten der Diktatur, in der die Menschen das Land nicht verlassen durften und ausspioniert wurden, aber auch darüber, wie viele für ihre Freiheit gekämpft haben.

Zeitungsjunge Leo gruselt's immer, wenn er am „Jahrhundertschritt" vor dem Zeitgeschichtlichen Forum vorbeikommt. Die Skulptur von Wolfgang Mattheuer soll ausdrücken, wie sehr die Menschen unter den Diktaturen des 20. Jahrhunderts gelitten haben.

Alte Handelsbörse

In der Alten Handelsbörse gleich hinter dem Rathaus trafen sich früher Kaufleute, um große Geschäfte zu besiegeln. Heute wird das bedeutende Bauwerk für Kulturveranstaltungen genutzt.

Die Alte Handelsbörse steht auf dem Platz, auf dem früher Lebensmittel gehandelt wurden. Dem Namen vom Platz merkt man das noch an. Wie heißt er?

☐ Naschmarkt   ☐ Futterstelle   ☐ Mampfmesse

Bildermuseum

Nur ein paar Meter von Handelsbörse und Markt entfernt steht in der Katharinenstraße ein Neubau mit reichen Verzierungen. Das Gebäude gehört zum Komplex des Muse-

Besonders gern geht Leo zu den Ich zeig's euch!-Führungen ins Bildermuseum. Einmal im Monat führen dabei Kinder durch die Kunstsammlung.

ums der Bildenden Künste, das du direkt dahinter findest. Hier sind unter anderem Bilder der bekannten Leipziger Maler Werner Tübke, Wolfgang Mattheuer und Neo Rauch zu sehen. Jeweils am zweiten Mittwoch im Monat ist der Eintritt für Besucher bis 18 Jahre frei.

▸ Hunger/Durst?
Auerbachs Keller: wie zu Goethes Zeiten, deftige Speisen – Curry Cult: Imbiss neben der Marktgalerie – Drallewatsch: mehr als 30 Gaststätten mit unterschiedlichsten Spezialitäten und Freisitz zum Leute-Gucken

▸ WC:
Im Kaufhaus Breuninger – In der S-Bahn-Station

▸ Picknick:
Auf der Wiese neben der Marktgalerie

▸ Spektakel:
Classic Open: Veranstaltungsreihe im Sommer

▸ Informationen:
Tourist-Information, Katharinenstraße 8, Mo–Fr 9.30–18 Uhr, Sa 9.30–16 Uhr, So 9.30–15 Uhr

Viel Platz für die *Schlauen*

Rund um den Augustusplatz

Hauptbahnhof

Georgiring

Augustusplatz

Oper

AUGUSTUSPLATZ

Gewandhaus

Goethestraße

Kroch-
hochhaus

Ritterstraße

Richard-Wagner-Straße

Brühl

Grimmaische Straße

Universität

Moritzbastei

City-
Hochhaus

Nikolaikirche

N

‣ **Start:** Augustusplatz

Wie kommst du zum Start?
‣ **S-Bahn** S1, S2, S3 ,S4, S5, S5X Hauptbahnhof ‣ **Straßenbahn** 4, 7, 8, 10, 11, 12, 14, 15, 16 Augustusplatz ‣ **Auto** Parkhaus Augustusplatz

Du befindest dich auf einem der größten deutschen Stadtplätze. Der Augustusplatz ist 40 000 Quadratmeter groß. Seinen Namen hat er vom ersten Sachsenkönig Friedrich August I. Leider wurden viele alte Häuser zerstört, im Zweiten Weltkrieg z.B. das damalige Neue Theater und das alte

Der Augustusplatz ist riesig. Stell dir vor, er wäre voll mit Fußballfeldern. Für wie viele Fußballplätze würde er reichen?

☐ 2   ☐ 4   ☐ 6

Bildermuseum. Das einzige erhaltene Bauwerk ist der Mendebrunnen aus den 1880er Jahren.

Universität

Die Uni ist schon über 600 Jahre alt. Damit ist Leipzig nach Heidelberg die zweitälteste Universitätsstadt in Deutschland. Heute studieren über 20 000 Menschen an der Uni. Der Campus wurde neu gebaut. Ein Teil erinnert an die Paulinerkirche, welche die DDR-Führung 1968 sprengen ließ, obwohl viele dagegen protestierten. In dem Glasbau sind die Aula der Universität und ein Andachtsraum untergebracht.

Wie alle Leipziger ist Zeitungsjunge Leo stolz auf die Geschichte der Uni. Hier studierten berühmte Dichter, Künstler und Philosophen wie Johann Wolfgang Goethe, Friedrich Nietzsche, Robert Schumann, Richard Wagner und Erich Kästner.

Wenn Leo an der **Moritzbastei** vorbeigeht, muss er an die Studenten denken, die das Gewölbe in den 1970er Jahren freigelegt haben. Über 30 000 Studenten schippten den Schutt über der alten Befestigungsanlage weg. Unter ihnen war eine junge Physikstudentin – die spätere Bundeskanzlerin **Angela Merkel**.

City-Hochhaus & Moritzbastei

Stolze 142 Meter ragt das City-Hochhaus in den Himmel – mit Antenne sind es sogar 155,40 Meter. Es ist das höchste Gebäude in Sachsen und eines der Wahrzeichen von Leipzig. Gebaut wurde es von 1968 bis 1972 für die Universität. Die Form soll an ein aufgeschlagenes Buch erinnern. Die Leipziger nennen es Weisheitszahn oder einfach Uni-Riese. Die Uni ist in den 1990ern ausgezogen, jetzt ist es ein Bürohochhaus. In der 29. Etage wartet das Restaurant „Panorama Tower" auf seine Gäste. Gegen einen kleinen Eintritt kannst du den Blick von einer Aussichtsplattform genießen. Neben dem Uni-Riesen haben Studenten vor

über 40 Jahren eine alte Befestigungsanlage aus-
gegraben und zum Studentenclub umfunktioniert.
Bis heute ist die Moritzbastei eine angesagte Kultur-
einrichtung.

**Das Krochhochhaus mit der großen Uhr und dem auffälligen
Schlagwerk hatte ein berühmtes Vorbild. Kannst du dir
denken, welches?**

☐ Den Borsigturm in Berlin
☐ Den Eiffelturm in Paris
☐ Den Uhrturm am Markusplatz in Venedig

Krochhochhaus

1928 wurde Leipzigs erstes Hochhaus eingeweiht. Es ist 43 Meter hoch. Genauso hoch
war damals der Giebel der Paulinerkirche,

Zeitungsjunge
Leo kennt eine
super Abkürzung: Wer gleich
neben dem Krochhochhaus
in die Theaterpassage hineingeht,
ist in wenigen Schritten auf dem
Nikolaikirchhof.

die ganz in der Nähe stand. Weil die Leipziger Bürger sich um das Stadtbild sorgten, durfte der Bankier Kroch zunächst nur zehn Stockwerke bauen. Der Rest wurde als Attrappe angebracht, bevor der Rat die endgültige Baugenehmigung erteilte. Die lateinische Inschrift unter dem Glockenwerk auf dem Krochhochhaus in Leipzig heißt übersetzt: „Arbeit überwindet alles." Der linke Glockenmann schlägt jede Viertelstunde, der rechte zur vollen Stunde.

Opernhaus

Nachdem das alte Opernhaus im Krieg zerstört wurde, bekam Leipzig 1960 das heutige Opernhaus. Wenn du auf dem Augustusplatz stehst, siehst du über den Fenstern im Erdgeschoss noch Zeichen der DDR. Während die Front tagsüber ziemlich langweilig aussieht, wirkt sie abends mit Beleuchtung sehr prächtig. Auch innen kann sich die Oper sehen lassen: roter Teppich, Kronleuchter, Blattgold.

Im Sommer sitzt Leo gern am **Springbrunnen** vor dem Opernhaus. In der Hitze kühlt er seine Füße im Wasser.

Dass Oper nicht nur was für Opa ist, beweist dieses Musiktheater immer wieder mit tollen Stücken für Kinder. Den Blick hinter die Kulissen bekommst du bei einer Familienführung (an ausgewählten Sonntagen um 11 Uhr). Neuerdings gibt es sogar Babykonzerte.

Gewandhaus

Genau gegenüber steht das berühmte Gewandhaus, in dem Konzerte stattfinden. Es wurde von 1977 bis 1981 erbaut. Wenn du genau hinschaust, erkennst du von außen das riesige Bild, das sich im Innern über drei Etagen

Leipzig hatte schon mehrere Gewandhäuser. Das erste wurde 1498 eröffnet. Sie waren in verschiedenen Handels- und Messehäusern untergebracht, unter anderem am Brühl und in der Kupfergasse. Jedes aber hieß Gewandhaus. Nur warum?

☐ Weil die Bürger rückwärts gewandt in den Konzertsaal treten mussten.

☐ Weil in den Häusern auch Tuchwaren gehandelt wurden, aus denen Gewänder gemacht wurden.

☐ Weil die Zuhörer stets in teuren Gewändern zu den Konzerten kamen.

erstreckt. „Gesang vom Leben" heißt es. Innen erwartet dich ein Saal mit allerbester Akustik.

Nikolaikirche

Leo kennt viele alte Legenden, die sich um die Nikolaikirche ranken. An der Rückseite der Kirche hängt ein Hufeisen an der Fassade. Es heißt, es handle sich um ein Eisen vom Ross des Heiligen Georg, der in Leipzig gegen einen Drachen kämpfte.

Die größte Kirche Leipzigs wurde 1165 erbaut. Im Laufe der Jahrhunderte wurde sie häufig umgebaut und erweitert. Hier predigte der Theologe Martin Luther, dessen Kritik an der katholischen Kirche zur Abspaltung der evangelischen Kirche führte. 1989 spielte die Nikolaikirche wieder eine wichtige Rolle: Die friedliche Revolution in der DDR ging maßgeblich von den Friedensgebeten aus, bei denen hier Menschen zusammenkamen, um gegen den Staat zu demonstrieren. „Offen für alle" – das ist das Motto der Kirche, du findest es an ihrem Eingang.

Der Leipziger Hauptbahnhof ist ein wichtiger Knotenpunkt für den Fernverkehr. Finde in dem Buchstabensalat sieben Städte, die von Leipzig aus direkt zu erreichen sind!

S	D	F	J	H	A	M	B	U	R	G	E	R	T	U	U	K	T	T	L
E	T	T	Z	M	C	R	E	G	L	F	R	A	N	K	F	U	R	T	E
G	T	R	U	N	B	E	R	L	I	N	H	N	I	Ö	T	I	G	Z	D
T	Z	I	L	U	I	O	N	Z	D	Ü	S	S	E	L	D	O	R	F	V
H	L	J	K	S	A	A	R	B	R	Ü	C	K	E	N	L	F	G	H	J

Hauptbahnhof

Der Leipziger Hauptbahnhof ist ein Kopfbahnhof. Das bedeutet: Die Gleise enden im Bahnhof, die Züge fahren nach dem Halt wieder dort hinaus, wo sie hineingefahren sind. Die Stadträte entschieden sich für einen Kopfbahnhof, weil der näher an die Innenstadt gebaut werden konnte. 1912 fuhren hier die ersten Züge. Heute liegen die Bahnsteige 1 und 2 unter der Erde und führen in den City-Tunnel. Tipp für Eisenbahnfans: Auf Gleis 24 kann man oft alte Loks bewundern.

▶ Hunger/Durst?
Moritzbastei: preiswerte Kost im historischen Gewölbe, oft Sonntagsbrunch mit Kinderbetreuung (unbedingt vorbestellen) – Panorama-Café im City-Hochhaus: Speis und Trank und Überblick über die ganze Stadt – Kaffeehaus Riquet, Schuhmachergäßchen 1: Kaffee und Kuchen wie zu Omas Zeiten

▶ WC:
Im Galeria Kaufhof am Neumarkt

▶ Picknick:
Im Park um den Schwanenteich zwischen Oper und Hauptbahnhof

▶ Spektakel:
Riesenrad beim Stadtfest und beim Weihnachtsmarkt

Geschichte auf Schritt und Tritt

Vom Neuen Rathaus zur Blechbüchse

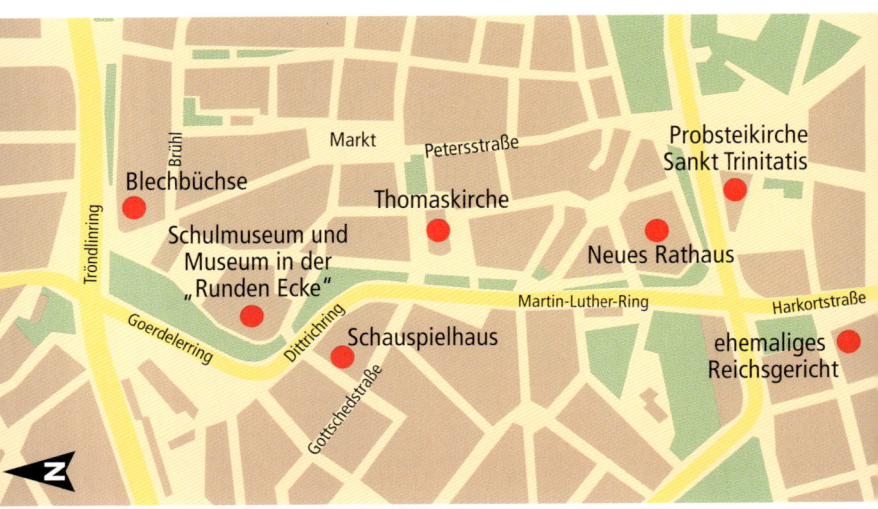

Brühl · Blechbüchse · Markt · Petersstraße · Probsteikirche Sankt Trinitatis · Tröndlinring · Schulmuseum und Museum in der „Runden Ecke" · Thomaskirche · Neues Rathaus · Goerdelerring · Dittrichring · Martin-Luther-Ring · Harkortstraße · Schauspielhaus · Gottschedstraße · ehemaliges Reichsgericht · N

♦ Start: Neues Rathaus

Wie kommst du zum Start?
♦ S-Bahn S1, S2, S3, S4, S5, S5X Wilhelm-Leuschner-Platz ♦ Straßen-bahn 2, 8, 9, 14 Neues Rathaus ♦ Bus 89 Neues Rathaus ♦ Auto Park-haus Petersbogen/Burgplatz

Zeitungsjunge Leo schaut auf die Uhr des Neuen Rathauses. Die lateinische Inschrift „mors certa, hora incerta" bedeutet: Der Tod ist gewiss, die Stunde ungewiss. Die gewitzten Leipziger machten daraus: Todsicher gehen die Uhren falsch.

Neues Rathaus

So neu ist das Neue Rathaus gar nicht – schon seit 1905 sitzt die Leipziger Stadtverwaltung hier. Und alt aussehen sollte es von Anfang an. Baumeister Hugo Licht errichtete es an der Stel-le, wo vorher die Pleißenburg stand. Der neue Turm steht sogar auf dem Fundament des Turms der Burg. Er ist 114,7 Meter hoch und damit der höchste Rathausturm in Deutschland. Mit seinen 600 Räumen gehört das Neue Rathaus zu den größ-ten Rathäusern der Welt.

Das Neue Rathaus ist außen mit Fabelwesen und Tieren geschmückt. Aber auch die Stadtgöttin Lipsia und andere Figuren verzieren das Rathaus. Diese stehen für Buchdruckkunst, Justiz, Wissenschaft, Musik und ....

Kannst du es erkennen?

[ ] Medizin   [ ] Handwerk   [ ] Malerei

Propsteikirche Sankt Trinitatis

Die Propsteikirche gleich gegenüber dem Neuen Rathaus ist der größte Kirchenneubau im Osten Deutschlands. Sie wurde im Mai 2015 eröffnet. Die gesamte Fassade ist mit Porphyr verkleidet. Das ist ein rotes Vulkangestein, das in der Nähe von Leipzig abgebaut wird.

Ein Teil der Fenster an der Nordseite der neuen Propsteikirche Sankt Trinitatis sieht auf den ersten Blick milchigweiß aus. Aber wenn du ganz nah herangehst, erkennst du: Da steht ein Text! Was hat der Leipziger Künstler Falk Haberkorn in das Glas geschrieben?

☐ Die sieben Todsünden

☐ Die zehn Gebote

☐ Den gesamten Text des Alten und Neuen Testaments

Reichsgerichtsgebäude

Schräg gegenüber dem Neuen Rathaus steht ein beeindruckendes Gerichtsgebäude. Von 1895 bis 1945 saß hier das höchste deutsche Gericht, das Reichsgericht. In der Zeit der Hitler-Diktatur wurden in diesem Haus viele Unschuldige verurteilt. Nach dem Reichstagsbrand von 1933 fand hier der Prozess gegen die angeblichen Brandstifter statt. Das Gebäude wurde im Zweiten Weltkrieg teilweise zerstört und anschließend als Museum genutzt. Nach einer umfassenden Sanierung zog 2002 das Bundesverwaltungsgericht in das Haus ein. Sehr prachtvoll sind die Eingangshalle und der Große Sitzungssaal. Sie können von Besuchern besichtigt werden. Schau doch mal rein!

Wenn Leo das Reichsgericht besucht, hat er immer einen Euro dabei. Denn in das Haus darf man keine Taschen mitnehmen. Für die Schließfächer am Eingang braucht man eine Münze als Pfand.

Thomaskirche

Leipzig nennt sich selbst Bach-Stadt, weil der berühmte Komponist Johann Sebastian Bach hier einen wichtigen Teil seines Lebens verbracht hat und auch begraben liegt. Und zwar genau hier – in der Thomaskirche. Bach war der bekannteste Leiter des Thomanerchors. Dieser Chor ist einer der ältesten Chöre in Deutschland und besteht nur aus Jungen. Er wurde 1212 gegründet und

Freitags um 18 Uhr oder samstags um 15 Uhr geht Leo gern zur Motette – das ist ein mehrstimmiges Musikstück für einen Chor – in die Thomaskirche. Hier kann jeder dem weltberühmten Thomanerchor für einen symbolischen, d.h. einen sehr kleinen Eintrittspreis zuhören. Leo ist immer sehr pünktlich, denn es gibt keinen Kartenvorverkauf.

Den Anstoß zur Gründung des Thomanerchors gab ein Markgraf, der im Jahr 1212 ein Kloster gründete. Doch die Bürger fanden das nicht gut, sie verbrannten das für den Klosterbau gedachte Material und vertrieben den Grafen. Daraufhin belagerte der die Stadt. Er hatte einen aussagekräftigen Beinamen. Wie hieß er wohl?

☐ Dietrich der Bedrängte

☐ Friedrich der Gebissene

☐ Otto der Reiche

hat schon in den Vorgängerbauten dieser Kirche gesungen. Die Thomaskirche selbst ist über 500 Jahre alt. In ihr übrigens auch der berühmte Theologe Martin Luther gepredigt.

Schauspielhaus

Da das Alte Theater am Brühl im Zweiten Weltkrieg komplett zerstört wurde, zog das Schauspielhaus nach dem

Am Brühl begann eine große Schriftstellerkarriere. Vor über 100 Jahren, als in dieser Straße Pelze gehandelt wurden, stahl ein junger Mann ein teures Stück. Er kam ins Gefängnis. Dort entdeckte er sein Talent zum Schreiben. Noch heute lesen viele gerne seine Bücher, vor allem die über den Indianerhäuptling Winnetou. Wie hieß der Schriftsteller?

☐ Karl May   ☐ Bernd Juni   ☐ Horst April

Krieg in das ehemalige Operettentheater zwischen Bosestraße und Gottschedstraße. Das war zunächst nur eine behelfsmäßige Unterkunft, denn auch dieses Gebäude hatte Kriegsschäden. Nach mehreren Umbauten ist das Schauspielhaus heute jedoch ein modernes Theater mit einem Saal für 666 Zuschauer.

Vor dem Haus Gottschedstraße 25 fragt sich Leo immer, warum es dort keine Gedenktafel gibt. Hier wohnten nämlich der berühmte Komponist Gustav Mahler und der demokratische Politiker Gustav Stresemann. Und DDR-Staatschef Walter Ulbricht wurde in dem Haus geboren.

Wenn Leo die Gottschedstraße entlanggeht, bleibt er stets an dem Platz mit den 140 Bronzestühlen stehen. Diese erinnern an die Synagoge, die bei den gewaltsamen Ausschreitungen gegen die jüdischen Mitbürger am 9. November 1938 zerstört wurde. Unter dem Diktator Hitler wurden viele Leipziger Juden ermordet.

Gottschedstraße

1995 eröffneten in dieser Straße zwei Studenten ein Café mit Waschsalon – das „Maga Pon". Es wurde zu einem beliebten Treffpunkt. Bald siedelten sich weitere Cafés, Restaurants, Diskotheken und Theaterbühnen an. Das „Maga Pon" gibt es inzwischen nicht mehr, aber die Gottschedstraße gehört mit ihren Restaurants und Kaffeehäusern zu den lebendigsten Straßen Leipzigs. Hier kannst du wunderbar ein Päuschen einlegen.

Schulmuseum und Gedenkstätte Museum in der „Runden Ecke"

Auf dem Grünstreifen zwischen dem Museum in der „Runden Ecke" und den Höfen am Brühl ruht Leo sich oft an einer Statue aus. Sie erinnert an Samuel Hahnemann. Der Arzt war der Begründer einer alternativen Heilmethode, der Homöopathie.

Wie Schüler in der DDR oder zu Uromas Zeiten unterrichtet wurden, erlebst du im Schulmuseum. Bei Führungen für Schulklassen spielt eine Museumsmitarbeiterin die strenge Lehrerin. Du kannst in historischen Klassenzimmern an alten Schulbänken sitzen, Rechenschieber ausprobieren und durch alte Lehrbücher blättern.

Nebenan im ehemaligen Gebäude der Bezirksverwaltung der Staatssicherheit erinnert ein Museum an die schrecklichen Methoden des DDR-Geheimdienstes. Während der friedlichen Revolution 1989 wurde das Gebäude von Bürgern besetzt, die für die Menschenrechte eintraten. Deshalb wurde es später zum Museum (Dauerausstellung: „Stasi – Macht und Banalität").

Blechbüchse

Bereits 1908 wurde am westlichen Ende des Brühls ein Kaufhaus errichtet. Dort fuhr 1927 die erste Rolltreppe in Leipzig. Zur Zeit der Hitler-Diktatur nahm

man dem jüdischen Besitzer das Kaufhaus weg. Im Krieg wurde es beschädigt. Nachdem es wieder instand gesetzt worden war, baute man es zum größten Warenhaus in der DDR aus. Schon damals bekam es die auffällige Metallfassade ganz ohne Fenster, deshalb wurde es Blechbüchse genannt. Von 2010 bis 2012 modernisierte man das Kaufhaus, jetzt heißt es „Höfe am Brühl". Beim Umbau wurde die Metallfassade zunächst entfernt. Aber nachdem Denkmalschützer darüber gestritten hatten, wie das Haus in Zukunft aussehen solle, wurde die Metallfassade wieder angebracht.

▸ **Hunger/Durst?**
Thüringer Hof, Burgstraße 19: deftige Kost, große Tradition –
Café Telegraph, Dietrichring 18–20: Kaffee, Kuchen, Mittagstisch –
In der Gottschedstraße findest du vieles mehr, im **Sol y Mar** darfst du im Bett essen

▸ **WC:**
An der Thomaskirche

▸ **Gänsehaut:**
In der Adventszeit: Weihnachtskonzert mit dem Thomanerchor in der Thomaskirche

Exotik mitten in der Großstadt
Der Zoo

Elefanten-anlage

Gondwana-land

Pongo-land

Bärenburg-Spielplatz

ZOO

Kiwara-Savanne

Aquarium

Flamingo-lagune

Pfaffendorfer Straße

N

♦ **Start: Aquarium**

Wie kommst du zum Start?
♦ **Straßenbahn** 12 Zoo ♦ **Auto** Parkhaus Zoo

Bei schönem Wetter ist der Zoo am Wochenende rappel-voll. Leo kommt dann gern schon frühmorgens und läuft den Zoorundgang in ent-gegengesetzter Richtung ab. Da ist er gleich an einem der Streichel-zoos – vor allen anderen.

Vom Amurtiger bis zum Zweifingerfaultier – im Leipziger Zoo kannst du rund 850 Tierarten bestau-nen. Viele Tiere leben hier fast so wie in freier Natur.

Ernst Pinkert erzählt

Ursprünglich bin ich aus Hirschfelde bei Zittau nach Leipzig gekommen. 1837 übernahm ich hier die Gastwirtschaft „Pfaffendorfer Hof". Mit meinem Geschäftspartner, dem Tierhändler Carl Hagenbeck, habe ich exotische Tiere gekauft, um die Gäste zu unterhalten. Zuerst waren das Krokodile, dann auch Elefanten und Löwen. Die Leute kamen in Scharen. 1878 eröffnete ich den Pfaffendorfer Tierpark, der nach und nach größer wurde. So wurde ich der erste Zoodirektor in Leipzig. Gleich am Eingang des Zoos siehst du Gebäude aus meiner Zeit und eine echte Handschrift von mir. Wie heißt dieser Bereich heute?

G r . n d . r - G . r t . n

Artgerechte Haltung wird in diesem Tierpark großgeschrieben. Dafür wird der Zoo Stück für Stück umgebaut. 2020 sollen alle Tiere in Gehegen untergebracht sein, die ihren natürlichen Lebensräumen entsprechen. Dabei wird auf Käfige mit Gittern verzichtet. Deshalb gilt der Leipziger Zoo als einer der modernsten der Welt. Jedes Jahr kommen rund zwei Millionen Besucher hierher.

Im Aquarium freut Leo sich besonders auf das Becken am Fuße der Wendeltreppe, die zum Rundaquarium führt. Denn hier schwimmen ganz besondere Fische: Kois – die lassen sich streicheln!

Aquarium

Das Aquarium ist über 100 Jahre alt. Schon 1910 haben sich die Zoologen in Leipzig für

eine artgerechte Haltung der Fische eingesetzt. Besonders beeindruckend sind die Haie im großen Rundbecken.

Gondwanaland

Das Gondwanaland ist eine riesige Halle, in der es zugeht wie in den Tropen, der heißesten Klimazone der Erde. Hier wuseln Tiere aus den tropischen Regenwäldern Asiens, Afrikas und Südamerikas herum. Flughunde hängen in den Bäumen, und Totenkopfäffchen springen durch die Äste. Insgesamt 100 exotische Tierarten kannst du in dem schwülen Dickicht entdecken. So ähnlich war es wohl vor Millionen Jahren auf dem Urkontinent Gondwana, aus dem sich später u.a. Südamerika, Afrika, Australien und Indien bildeten. Im Gondwanaland kannst du sogar in einem Boot auf eine Zeitreise durch die Erdgeschichte gehen.

Elefantenanlage Ganesha Mandir

Sie sieht aus wie ein Aquarium, ist aber die Attraktion des Elefantenhauses: die Badestelle der Elefanten. Durch eine Glasscheibe kannst du zu bestimmten Zeiten beobachten, wie die sanften Riesen planschen und schwimmen. Auf dem Weg zum unterirdischen Bade-

Zeitungsjunge Leo kennt fast alle Tiere im Zoo. Er kommt mit seiner Jahreskarte oft hierher. Und am Freitag guckt er im Fernsehen Elefant, Tiger & Co. – die Sendung aus dem Zoo.

In der Elefantenanlage siehst du Asiatische Elefanten. Schau sie dir mal genau an. Wodurch unterscheiden sie sich von ihren Artgenossen aus Afrika?

☐ Sie haben kleinere Ohren.

☐ Sie haben eine Mähne.

☐ Sie haben einen Stummelschwanz.

ausguck findest du nachtaktive Tiere, z.B. Gürteltiere. Die Leipziger Rüsseltiere sind Asiatische Elefanten, deswegen wohnen sie gleich neben den anderen Tieren aus Asien.

Pongoland

Im Leipziger Zoo findest du die größte Anlage für Menschenaffen auf der Welt. Es gibt vier Arten von Menschenaffen, die du alle im Pongoland sehen kannst: Orang-Utans, Gorillas, Schimpansen und Bonobos. Oft lassen sich Affen mit ihren kleinen Babys beobachten, denn der Zoo ist in der Zucht von Menschenaffen sehr erfolgreich. Hier wird auch

Leo kommt gern am Vormittag ins Pongoland. Dann spielen die Verhaltensforscher oft mit den Tieren, und die Gäste dürfen zugucken.

das Verhalten der Tiere erforscht. In der großen Halle im Pongoland leben viele exotische Vögel, die sich hier frei bewegen können.

Der Leipziger Zoo ist weltbekannt für seine Forschungsarbeit. So gibt es hier ein eigenes Forschungszentrum für Menschenaffen. Es ist nach Wolfgang Köhler benannt. Wer war das?

☐ Ein beliebter Fleischer, der in seinem Zoo-Restaurant Wildspezialitäten anbot.

☐ Ein erfolgreicher Großwildjäger, der die ersten Gorillas mit nach Europa brachte.

☐ Ein berühmter Wissenschaftler, der untersuchte, wie Schimpansen mit Werkzeug umgehen.

Kiwara-Savanne

Im Leipziger Zoo leben Zebras, Giraffen, Strauße und andere Arten gemeinsam in

Viele Löwen hat Leo schon kommen und gehen sehen. Denn der Löwe ist nicht nur das Leipziger Wappentier, sondern die Löwenzucht im Leipziger Zoo ist auch weltberühmt. Seit 1902 wurden hier schon rund 2300 Löwen geboren.

Leo trinkt gern eine Limo in der Kiwara-Lodge. Das afrikanische Restaurant im Zoo hat einen Freisitz direkt neben einer Futterstelle der Giraffen.

Gehegen – fast so wie in der afrikanischen Savanne. Kiwara-Kopje heißt die Anlage für Nashörner, Geparden und Husarenaffen. Das Gehege mit dem schönen Freigelände wurde im Frühjahr 2015 eingeweiht.

Flamingolagune

Kurz vor dem Ausgang des Zoos betrittst du eine große Voliere – einen riesigen Vogelkäfig mit Wasserfall und Inselchen. Hier leben die Chileflamingos in einer Lagune, einem kleinen See, zusammen mit Enten, Sichlern und Löfflern aus ihrer Heimat. Auf einem Steg kannst du die Lagune überqueren, am Ende wartet der Marktplatz auf dich, wo du allerlei kaufen kannst.

In der Nähe des Pongolands findest du den Okapiwald, in dem du seltsame afrikanische Tiere sehen kannst. Okapis haben die Figur eines Pferdes, aber die gestreiften Beine eines Zebras. Verwandt sind die Paarhufer aber mit ganz anderen afrikanischen Tieren. Mit welchen? Schau sie dir gut an!

☐ Giraffen   ☐ Pustelschweinen   ☐ Streifenhörnchen

Spielplätze

Über den ganzen Zoo sind viele tolle Spielplätze verteilt. Der neueste wurde erst im Sommer 2015 eröffnet: der Spielplatz in der historischen Bärenburg mit seinem zwölf Meter hohen Kletterdrachen. Vom Geschicklichkeitsparcours bis zum Safari-Truck warten im ganzen Zoo viele spannende Herausforderungen auf dich. Die Spielplätze passen zu den jeweiligen Themenwelten. Zwischen den Tieren Südamerikas findest du z.B. einen Spielplatz mit einem Dampfer. Er trägt den Namen El Dorado – nach dem sagenumwobenen Land in Südamerika.

Leo hat einen tollen Tipp: Wer nach dem Zoobesuch eine Jahreskarte kauft, bekommt den Preis der Tageskarte angerechnet.

▸ **Hunger/Durst?**
Bambusbar im Gondwanaland: Snacks in den Tropen – **Marché Restaurant Patakan**: fernöstliche Küche im Gondwanaland – **Teichcafé**: Gegrilltes und Eis bei den Kormoranen und Pelikanen – **Urwalddorf**: Essen zwischen Pongoland und Spielplatz – **Kiwara-Lodge**: afrikanisches Restaurant neben der Savanne – **Hacienda Las Casas**: leckere südamerikanische Küche

▸ **WC:**
In allen Restaurants

Idylle im Leipziger Norden

Vom Rosental zum Schillerhaus

Schillerhaus

Gohliser Schlösschen

Rosentalturm

Waldstraße

Marienweg

Leibnizweg

Kickerlingsberg

Große Wiese

Zöllnerweg

Zooschaufenster

Am Sportforu...

Spielplatz am
Louise-Otto-Peters-Platz

Zöllnerweg

Eingang Rosental

N

Im Winter geht
Zeitungsjunge Leo
gern Schlittschuh laufen. Der
kleine Teich gleich am Eingang
des Parks ist nicht sehr tief
und friert deshalb schnell zu.
Trotzdem prüft Leo natürlich
sehr vorsichtig, ob das Eis
dick genug ist und er nicht
einbrechen kann.

⬦ Start: Rosental

Wie kommst du zum Start?
⬦ Straßenbahn 1, 3, 4, 7, 9, 12, 14, 15 Goerdelerring,12 Zoo ⬦ Auto
Parkmöglichkeiten im Viertel, Parkhaus am Zoo

Eingang Rosental

Wald und weite Wiesen, die vom nördlichen
Zentrum der Stadt bis nach Gohlis im Norden

Gleich hinter dem Eingang vom Rosental biegt Leo oft nach links in den Wald ab. Dort steht das Denkmal für den Komponisten Carl Friedrich Zöllner, der an der Leipziger Thomasschule Gesangslehrer war.

reichen – das ist das Rosental. Angelegt wurde diese Grünanlage schon vor rund 300 Jahren. Richtig beliebt wurde sie, als Hofrat Johann Gottlob Böhme 1777 einen Spazierweg durch das Rosental anlegen ließ. Damals lag der Park noch vor den Toren der Stadt. Später wurde an seinem Eingang das Rosentaltor errichtet, durch das man Leipzig in Richtung Gohlis verließ. Erhalten ist von diesem Eingang noch der 12 Meter hohe Fahnenmast. Du kommst daran vorbei, wenn du vom Stadtzentrum aus ins Rosental spazierst.

Leo hat sich früher immer über den Namen Rosental gewundert, denn viele Rosen wachsen hier nicht. Inzwischen weiß er, dass der Name vermutlich vom slawischen Wort „Rozdot" kommt, das „Höhlung, Tiefe, weite Niederung" bedeutet.

Spielplatz im Rosental

Im Rosental wurde 1871 der erste Spielplatz in Leipzig überhaupt errichtet. Es gibt ihn noch heute, er befindet sich am Louise-Otto-Peters-Platz. 1993/94 gestaltete der Leipziger Künstler Reinhard Rößler den Spielplatz neu, unverwechselbar sind seine Holzfiguren. Hier kannst du über Drachen und Schildkröten klettern und einem Elefanten auf dem Rüssel runterrutschen. Im Sommer schützen dich die hohen Bäume ringsherum vor der Hitze.

Am Holzspielplatz siehst du das Denkmal für Louise Otto-Peters. Sie lebte von 1819 bis 1895 und war eine berühmte Schriftstellerin. Sie gilt als eine der Begründerinnen der deutschen Frauenbewegung und führte drei Jahrzehnte lang den Allgemeinen Deutschen Frauenverein. Wofür trat dieser ein?

☐ Die Gleichberechtigung der Frauen

☐ Den besseren Austausch von Kochrezepten

☐ Für Strickkurse in Schulen

Zooschaufenster

Weite Teile des Rosentals mussten im Laufe der Zeit dem ständig wachsenden Zoo weichen. Seit der letzten Erweiterung des Zoos ist das Rosental nur noch durch einen kleinen Zaun und einen Wassergraben vom Zoo getrennt. Am sogenannten Zooschaufenster kannst du vom Rosental aus direkt auf das Freigelände für exotische Tiere aus Afrika blicken. Wundere dich also nicht, wenn scheinbar eine Giraffe durch den Park läuft!

G.TH. FECHNER
1801–1887

Wenn du am Zooschaufenster vorbeigehst, hörst du manchmal aus dem Zoo das Leipziger Wappentier brüllen. Welches ist es?

☐ Die Leipziger Lerche
☐ Der Leipziger Löwe
☐ Die Leipziger Laus

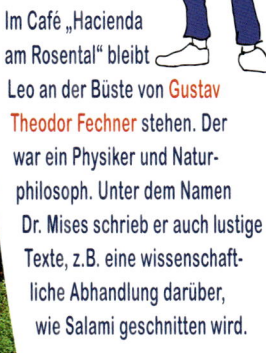

Im Café „Hacienda am Rosental" bleibt Leo an der Büste von Gustav Theodor Fechner stehen. Der war ein Physiker und Naturphilosoph. Unter dem Namen Dr. Mises schrieb er auch lustige Texte, z.B. eine wissenschaftliche Abhandlung darüber, wie Salami geschnitten wird.

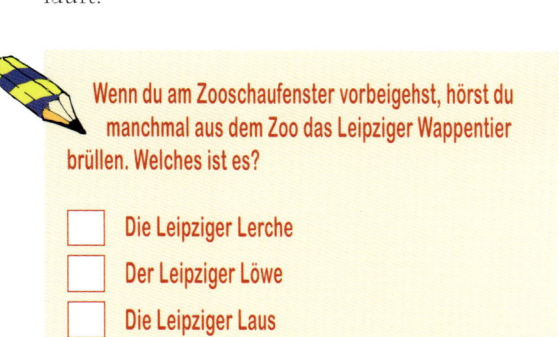

Große Wiese und Friedenseiche

Picknick, Fußball, Drachensteigen – auf der großen Wiese im Rosental ist viel Platz zum Toben und zur Erholung. Am nördlichen Ende steht eine alte Eiche. Sie erinnert an den Deutsch-Französischen Krieg von 1870/71. Die erste Friedenseiche wurde bald von Unbekannten gefällt. Inzwischen ist der Nachfolgebaum aber auch schon riesig.

Rosentalturm

Leo geht nicht gern bei Wind auf den Rosentalturm. Denn dann schwankt die Stahlkonstruktion, und Leo wird schwindelig.

Einer der wenigen Hügel in Leipzig ist der Scherbelberg im Nordwesten des Rosentals. Vor über 100 Jahren wurden 60 000 Pferdefuhren Hausmüll 20 Meter hoch aufgeschüttet und mit Erde bedeckt. Darauf wurde ein Aussichtsturm errichtet. Der ursprüngliche Holzturm wurde im Zweiten Weltkrieg zerstört. Heute steht an derselben Stelle ein 20 Meter hoher Stahlturm. Von hier aus hast du eine wunderschöne Aussicht. Du kannst die Häuser der Stadt sehen und das Stadion und den Uni-Riesen gut erkennen. Vor deinem Auge zieht sich aber auch der grüne Auwald quer durch Leipzig.

Gohliser Schlösschen

Das prunkvolle Gohliser Schlösschen wurde von dem Leipziger Ratsbaumeister Johann Caspar Richter 1755/56 als

Sommersitz erbaut. Allerdings erlebte Richter die Vollendung des Schlosses nicht mehr: Erst nach seinem Tod im Jahr 1770 wurde der Innenausbau beendet. Von Beginn an war das Gohliser Schlösschen ein Treffpunkt für Dichter, Künstler und Verleger. Heute finden hier Ausstellungen, Theateraufführungen und Konzerte statt. Ein Teil des Gebäudes wird als Café genutzt.

Wenn Zeitungsjunge Leo in Gohlis unterwegs ist, kommt ihm ein Spruch in den Sinn, den er mal von einem älteren Leipziger gehört hat: „Wem's zu wohl ist, der geht nach Gohlis." Denn früher war das Dorf ein beliebtes Ausflugsziel der wohlhabenden Städter.

Schillerhaus

In einem der letzten erhaltenen Bauernhäuser des ehemaligen Dorfes Gohlis wohnte im Sommer 1785 der berühmte Dichter Friedrich Schiller – und zwar in einer kleinen Wohnung unter dem Dach, denn Schiller war recht arm. Hier schrieb der Dichter die erste Fassung seines berühmten Gedichts „An die Freude" und arbeitete an dem Theaterstück „Don Carlos". Heute ist das Schillerhaus ein liebevoll betreutes, kleines Museum. Kinder und Jugendliche bis 18 Jahre haben freien Eintritt.

Schillers Gedicht „An die Freude" wurde von einem berühmten Komponisten vertont. Wie hieß der Komponist, der die Melodie zu „Freude, schöner Götterfunken" 1824 erfunden hat?

☐ Wolfgang Amadeus Mozart

☐ Ludwig van Beethoven

☐ John Williams

Besonders ehrfürchtig steht Leo im Schillerhaus vor einem kleinen runden Tisch. Er stammt noch aus Schillers Zeit. Ob der Dichter an diesem Tisch sein berühmtes Gedicht „An die Freude" geschrieben hat? Gut möglich.

▸ Hunger/Durst?
Café Hacienda am Rosental: Imbiss, Kuchen und Kaffee aus der Küche des Restaurants im Zoo – Gosenschenke Ohne Bedenken, Menckestraße 5: leckere Kartoffelsuppe und andere Speisen, am besten im Biergarten – Mückenschlösschen, Waldstraße 86: toller Biergarten, gutbürgerliche Küche – Trattoria No. 1, Waldstraße 64: beliebtes italienisches Restaurant

▸ WC:
Im Café Hacienda am Rosental

▸ Spektakel:
Open-Air-Konzerte auf der Großen Wiese im Sommer

Wie kommst du zurück in die Stadt?
♦ S-Bahn S1, S3 ab Leipzig-Gohlis

Ab in den Süden

Von der Bibliothek zum Fockeberg

♦ Start: Stadtbibliothek

Wie kommst du zum Start?
♦ S-Bahn S1, S2, S3, S4, S5, S5X Wilhelm-Leuschner-Platz ♦ Straßenbahn 2, 8, 9, 10, 11, 14 Wilhelm- Leuschner-Platz ♦ Auto Parkplatz auf dem Wilhelm-Leuschner-Platz

Stadtbibliothek

In der Stadtbibliothek geht Zeitungsjunge Leo am liebsten in die riesige Kinderbibliothek im Erdgeschoss. In der zweiten Etage stehen die Jugendbücher.

Eine Million Titel findest du in der Stadtbibliothek. Ein Haus für Leseratten ist dieses Gebäude erst seit 1991. Gebaut wurde es ursprünglich vor über 100 Jahren als Grassimuseum. Der Kaufmann und Kunstliebhaber Franz Dominic Grassi hat die Errichtung des Museums bezahlt. In ihm waren bis 1926 das Museum für Völkerkunde und das Kunstgewerbemuseum untergebracht. Weil immer mehr Ausstellungsstücke hinzukamen, brauchte man bald ein größeres

Haus, und das neue Grassimuseum am heutigen Johannisplatz entstand.

Finde in dem Buchstabensalat acht Dinge, die du in der Bibliothek lesen oder ausleihen kannst.

Z	E	I	T	S	C	H	R	I	F	T	E	N	H	V	F	H	A	D	S
S	D	F	F	D	S	H	L	S	I	L	W	G	E	D	I	C	H	T	E
B	Ü	C	H	E	R	D	G	H	L	J	D	V	F	V	K	D	H	N	D
F	A	S	D	G	G	Y	C	O	M	I	C	S	G	D	G	S	H	F	U
H	G	G	H	Ö	R	S	P	I	E	L	E	H	Z	S	H	G	K	L	H

Leipziger Volkszeitung

In Leipzig ist 1650 die allererste Tageszeitung der ganzen
Welt erschienen. Heute gibt es in der einstigen Druckme-
tropole nur noch eine einzige Tageszeitung, die Leipziger
Volkszeitung. An ihrem Gebäude kommst du vorbei, wenn
du von der Innenstadt zur Karl-Liebknecht-Straße läufst.

Das Haus hat eine schöne Kuppelhalle, in der oft Kulturveranstaltungen stattfinden.

Die Leipziger Volkszeitung gibt monatlich ein Magazin für die ganze Familie heraus. Du findest es in jedem Zeitschriftenladen. Wie heißt es?

S c h l . n g . l

Peterskirche

Die Peterskirche steht auf dem Gaudigplatz. Ihren Turm kannst du schon von weitem sehen. Kein Wunder, mit 88,5 Metern ist er der höchste Kirchturm in der Stadt. Die 1885 geweihte Kirche wurde im Zweiten Weltkrieg schwer beschädigt und danach nur notdürftig erhalten. Erst nach dem Ende der DDR 1990 begann man mit einer aufwendigen Sanierung, die im Juli 2014 abgeschlossen wurde. Besonders sehenswert sind die farbigen Glasmalereien auf den Fenstern. Schau sie dir mal an!

An der Peterskirche mag Leo besonders, dass es dort oft Konzerte und Theateraufführungen gibt. Und jedes Jahr zu Pfingsten beteiligt sie sich am Wave-Gotik-Treffen. Dann kommen düster gekleidete Gestalten nach Leipzig, um hier ihr Musik- und Kulturfestival zu besuchen.

Karl-Liebknecht-Straße

Die Karl-Liebknecht-Straße gehört zu den lebendigsten Straßen der ganzen Stadt. In den Kneipen und Cafés trifft man viele Künstler und Studenten. Aber auch viele junge Familien mit Kindern wohnen in dem Viertel rund um die Straße, die gern Karli genannt wird. An ihr gibt es einige Gebäude, die von großer Bedeutung für die Geschichte Leipzigs sind.

Im Volkshaus (Nr. 30–32) versammelten sich im 19. Jahrhundert Arbeiter, die gegen die harten Arbeitsbedingungen und die geringen Löhne in der Industrie protestierten. Das Haus wurde mehrmals zerstört und neu aufgebaut.

Das Haus Nr. 43 ist mit bunten Comicfiguren bemalt. Die Bilder stammen von dem Leipziger Künst-

ler Michael Fischer-Art. Auf dem Gelände des ehemaligen DDR-Betriebs Feinkost Leipzig (Nr. 36) sind heute kleine Läden und Lokale angesiedelt. Das Fabrikgelände hat schon eine sehr lange Tradition. Mitte des 19. Jahrhunderts wurde hier bereits Bier gebraut, später kam die Herstellung anderer Lebensmittel hinzu. Auch Konserven wurden hier zeitwei-

Manchmal bleibt Leo abends vor der Löffelfamilie stehen und wartet, bis ein Erwachsener sein Handy zückt. Denn mit einem kostenpflichtigen Anruf kann man die Figuren für ein paar Minuten leuchten lassen – außerhalb der normalen Leuchtzeiten.

VEB
FEINKOST
LEIPZIG
Obst- und Gemüsekonserven,
tischfertige Gerichte,
doppelt konzentrierte Suppen.

lig produziert. Inzwischen ist das Gelände denkmal-
geschützt. Eine bekannte Sehenswürdigkeit ist die
sogenannte Löffelfamilie, eine Leuchtreklame aus
dem Jahr 1972, die jeden Abend für ein paar Stunden die Besucher erfreut.

Am Südplatz stand früher ein Stadttor, das Zeitzer Tor. Dort
wurden alle Menschen, die in die Stadt wollten, kontrolliert.
Ein Teil dieses Tors ist noch erhalten: in der Karl-Liebknecht-Straße 44. Heute befindet sich darin eine Kneipe.
Was war das Gebäude wohl früher?

E i n   W . c h h . . s

Wenn Leo auf der
Karli müde vom Laufen
ist, steigt er in eine Straßenbahn.
Die Linien 10 und 11 fahren die
ganze Karl-Liebknecht-Straße
entlang, von der Innenstadt
bis zum Connewitzer Kreuz.

Fockeberg

Nur wenige Straßenzüge von der Karli ent-
fernt ragt der Fockeberg 153 Meter in die
Höhe. Der Berg wurde nach dem Zweiten
Weltkrieg aus Trümmern von zerstörten Häu-

Der Fockeberg ist eines der beliebtesten Erholungsgebiete in Leipzig. Woher kommt sein Name?

☐ Der Name wurde von dem Wort Flocke abgeleitet, weil auf dem Berg im Winter mehr Schnee fällt als woanders.

☐ In dem Namen steckt das friesische Wort Focke, was übersetzt Volk heißt. Denn der Berg sollte für alle Leipziger da sein.

☐ Der Berg wurde nach dem Kaufmann August Adolf Focke benannt, der seiner Stadt viel Geld für wohltätige Zwecke hinterließ.

sern aufgeschüttet. Davon sieht man heute kaum noch etwas, denn der Berg ist inzwischen ganz zugewachsen. Durch den Wald schlängelt sich ein 850 Meter langer Weg vom Fuß bis zur Spitze des Bergs. Hier kannst du auf den Gipfel wandern, auf Holzbänken verschnaufen und interessante Holzskulpturen betrachten. Denn direkt am Weg findest du eine Skulpturengalerie. Von oben hat man einen tollen Blick über die Stadt. Vielleicht erlebst du, wie ein paar Mountainbiker den kürzesten Weg nach unten nehmen.

Leo geht besonders gern im Frühjahr auf den Fockeberg – zum Prix de Tacot. Dann fahren beim Seifenkistenrennen die abenteuerlichsten selbstgebauten Gefährte um die Wette. Rundum ist Volksfeststimmung.

▸ **Hunger/Durst?**
Imbiss am Südplatz: Würste und Burger – **Café Grundmann**: Kaffeehaus seit 1919 – **SoupBar Summarum**, Münzgasse 16: Diese Suppen ess' ich gern – **Eis Pfeiffer**, Kochstraße 20: selbstgemachtes Eis – Vieles mehr in der Karl-Liebknecht-Straße, im **Café Maître** gibt es französische Süßigkeiten

▸ **Flohmarkt:**
Auf dem Feinkostgelände, Karl-Liebknecht-Straße – Auf dem Freisitz des Tanzcafés „Ilses Erika", Bernhard-Göring-Straße 152

▸ **Theater:**
Aufführungen für Kinder in der naTo im Haus Steinstraße, Werk 2

Vom Völkerschlacht-denkmal zum Botanischen Garten

Johannisallee · Linnéstraße · Prager Straße · Friedenspark · Botanischer Garten · Russische Gedächtniskirche · Philipp-Rosenthal-Straße · Straße des 18. Oktober · Deutsche Bücherei · Alte Messe · Straße des 18. Oktober · Prager Straße · Völkerschlacht-denkmal · Südfriedhof · N

⬧ Start: Völkerschlachtdenkmal

Leo gruselt sich immer, wenn er die vielen Soldaten-figuren im Denkmal sieht. Am größten sind die 9,5 Meter hohen Torwächter in der Ruhmeshalle. Die 324 Reiter an der Decke und die riesige Grabplatte in der Krypta, der Gruft, erinnern an die Soldaten, die in der Völkerschlacht zu Tode kamen.

Wie kommst du zum Start?
⬧ S-Bahn S1, S3 Völkerschlachtdenkmal ⬧ Bus 70 Völkerschlachtdenk-mal ⬧ Straßenbahn 15 Völkerschlachtdenkmal ⬧ Auto P+R-Parkplatz Völkerschlachtdenkmal

Völkerschlachtdenkmal

Schon aus großer Entfernung ist das riesige Völkerschlachtdenkmal („Völki") zu sehen. Kein Wunder, der Koloss ist 91 Meter hoch und gehört damit zu den größten Denkmälern in Europa. Wo er steht, kämpften im Oktober 1813 die Armeen von Russland, Preußen, Österreich und Schweden gegen die französischen Truppen und deren Ver-bündete. Der französische Kaiser Napoleon, der fast ganz Europa erobert hatte, wurde hier entscheidend geschlagen. Als Erinnerung an die vielen getöteten Soldaten wurde 100 Jahre später das Denkmal errichtet. Vom Sockel bis zur Aussichtsplattform ganz oben sind es über 500 Stufen auf der Wendeltreppe. Bis zur mittleren Plattform kannst du aber auch mit dem Aufzug fahren. Von oben hast du einen wunderbaren Blick auf das Umland.

Leo schleicht manchmal um das Völkerschlachtdenkmal herum. Dann kommt er auch am Napoleonstein vorbei. Genau hier hatte der französische König und Feldherr seinen Befehlsstand.

Für den Bau des Völkerschlachtdenkmals haben viele Leipziger Geld gespendet. Außerdem hatte der Verein, der das Denkmal erbauen ließ, eine ausgefallene Idee, um den Koloss zu finanzieren. Kannst du erraten, welche?

☐ Der Verein veranstaltete eine Lotterie.

☐ Einzelne Treppenstufen des Denkmals wurden verkauft.

☐ Man muss Geld bezahlen, wenn man ein Foto von dem Denkmal machen will.

Südfriedhof

Wenn du auf der Aussichtsplattform des Völkerschlachtdenkmals stehst, siehst du auf den Südfriedhof und seine Kapellenanlage hinunter. Es ist der größte Leipziger Friedhof. Hier ruhen viele berühmte Leipziger Künstler wie Max Klinger, Wolfgang Mattheuer und Werner Tübke sowie die beliebte Mundartdichterin Lene Voigt. Der Südfriedhof ist auch bekannt für seine reiche Pflanzenwelt, z.B. für die 10 000 Rhododendronbüsche.

Alte Messe

Im Winter spielt Leo auf der Alten Messe Fußball. Denn hier gibt es eine Halle mit Kunstrasenplätzen.

Nur ein paar 100 Meter vom Völkerschlachtdenkmal entfernt liegt das alte Messegelände. 1913 fand hier die Internationale Bauausstellung statt, ab 1920 wurden technisch ausgerichtete Messen veranstaltet. In den riesigen Hallen waren u.a. Büromaschinen und Fahrzeuge zu sehen. Die Alte Messe wurde oft umgebaut. So wurde Anfang der 1950er Jahre ein Verwaltungsbau zum prachtvollen „Sowjetischen Pavillon" umgestaltet. Heute gibt es auf dem Gelände Sporthallen, Einkaufsmärkte, Bürogebäude und eine große Diskothek. Im Sommer kommen die Gäste ins Autokino oder genießen das Karibik-Feeling am künstlichen Strand „La Playa".

Deutsche Bücherei

Gleich neben der Alten Messe findest du die Deutsche Bücherei. Der Name führt vielleicht etwas in die Irre – denn mitnehmen darf man die ausgeliehenen Bücher nicht, man muss sie in den Räumen der Bibliothek lesen. Dafür gibt es über 500 Lesesaalplätze, die besonders

Leo ist eine Leseratte und mag Bücher. Spannende Geschichten rund ums Buch erzählen Fachleute aus dem Buch- und Schriftmuseum bei ihrer Führung am Familiensonntag (an jedem dritten Sonntag im Monat).

In der Deutschen Nationalbibliothek in Leipzig werden alle deutschen Bücher und Schriften gesammelt. Wie viele waren es im Jahr 2000? Schätz doch mal!

☐ Über 5000   ☐ Über 10 000
☐ Über 750 000

von Studenten und Wissenschaftlern genutzt werden. Seit 1913 wird in Leipzig von jedem Buch, das in Deutschland erscheint, ein Exem-

plar gesammelt. Die Deutsche Bücherei Leipzig gehört zur Deutschen Nationalbibliothek. In den fensterlosen Magazintürmen der Deutschen Bücherei lagern Bücher und andere Schriftstücke auf 14 Geschossen und 9 Zwischengeschossen. Im neuesten Anbau befinden sich das Deutsche Buch- und Schriftmuseum sowie das Deutsche Musikarchiv.

Russische Gedächtniskirche

Nur ein paar Meter entfernt findest du die Sankt-Alexej-Gedächtniskirche mit der markanten goldenen Zwiebel-

Sachsenkönig Friedrich August I. erzählt

Ich hatte Pech mit meiner Politik. An der Seite des preußischen Heeres kämpften meine Soldaten in der Doppelschlacht bei Jena und Auerstedt 1806 gegen Napoleon. Leider mussten wir eine Niederlage einstecken. Napoleon besetzte daraufhin mein Land.

Aus Sorge um meine Sachsen habe ich mich nicht den Preußen und Russen angeschlossen, die sich gegen Napoleon verbündet hatten. In die Völkerschlacht zog ich an der Seite des Franzosen Napoleon – und verlor schon wieder.

Ich geriet in Gefangenschaft, und kurz darauf wurde mein Sachsenland geteilt, große Gebiete fielen an die feigen Preußen. Polen, dessen Königsthron ich auch innehatte, traf es noch schlimmer: Es wurde weitgehend zwischen Russland, Preußen und Österreich aufgeteilt.

Als ich aus der Gefangenschaft nach Hause zurückkehrte, empfing mich mein Volk mit Begeisterung. Der größte Platz in Leipzig wurde nach mir benannt. Wie heißt er?

A . g . . t u . p . a . z

kuppel. Sie wurde 1913 am 100. Jahrestag der Völkerschlacht eingeweiht – genau einen Tag vor dem Denkmal. Die Kirche wurde erbaut, um die 22 000 russischen Soldaten zu ehren, die bei der Völkerschlacht ums Leben gekommen sind. Neben dem Eingang befinden sich zwei Tafeln, die auf Deutsch und Russisch über das Ereignis informieren.

1990 wurde die Kirche zum Ort eines dreisten Diebstahls. Dabei wurde ein Madonnenbildnis aus dem 17. Jahrhundert aus der Wand gerissen. Wenig später wurden die Diebe gefasst, und die Ikone wurde der Kirche zurückgegeben.

Friedenspark

Im Rücken der russischen Gedächtniskirche liegt der malerische Friedenspark. Früher befand sich dort der Neue Johannisfriedhof, er wurde von den

Leo geht gern mit seinem Skateboard in den Friedenspark. Denn mittendrin gibt es einen langen asphaltierten Hauptweg.

Fasziniert betrachtet Leo die große Blutbuche im Botanischen Garten. Der Baum ist über 150 Jahre alt und schon so altersschwach, dass er mit großen Stahlseilen davor bewahrt wird umzustürzen.

DDR-Behörden geschlossen und zu einem Park umgestaltet. Sehr beliebt ist der Friedenspark heute vor allem wegen seinem üppigen Baumbestand. Im östlichen Teil gibt es einen großen Spielplatz.

Botanischer Garten

Der Botanische Garten der Universität Leipzig ist der älteste botanische Garten in Deutschland. Er schließt direkt an den Friedenspark an. Eingänge findest du an der Johannisallee

Ein Besuch im Schmetterlingshaus im Botanischen Garten lohnt sich besonders im Sommer.
Hier kannst du die flatternden Tierchen von nahem sehen.
Wenn du Glück hast, erlebst du, wie ein Schmetterling schlüpft, und zwar

☐ aus der Puppe.

☐ aus dem Nest.

☐ aus dem Ei.

und an der Linnéstraße. Du kannst in dem Garten über 10 000 Pflanzenarten entdecken. Die Gewächshäuser wurden 1998 abgerissen und danach neu gebaut. Besonders schön ist das Schmetterlingshaus.

‣ **Hunger/Durst?**
Parkrestaurant am Völkerschlachtdenkmal: Deftiges, direkt neben dem Koloss – **Maharani, Prager Straße 39:** indisch

‣ **WC:**
Am Völkerschlachtdenkmal

‣ **Spektakel:**
Open-Air-Konzerte auf dem Platz vor dem Völkerschlachtdenkmal – Szenen aus der Völkerschlacht: nachgespielt in historischen Kostümen im Oktober an den Originalschauplätzen

Mit dem Boot durch den Westen

Von Schleußig nach Plagwitz

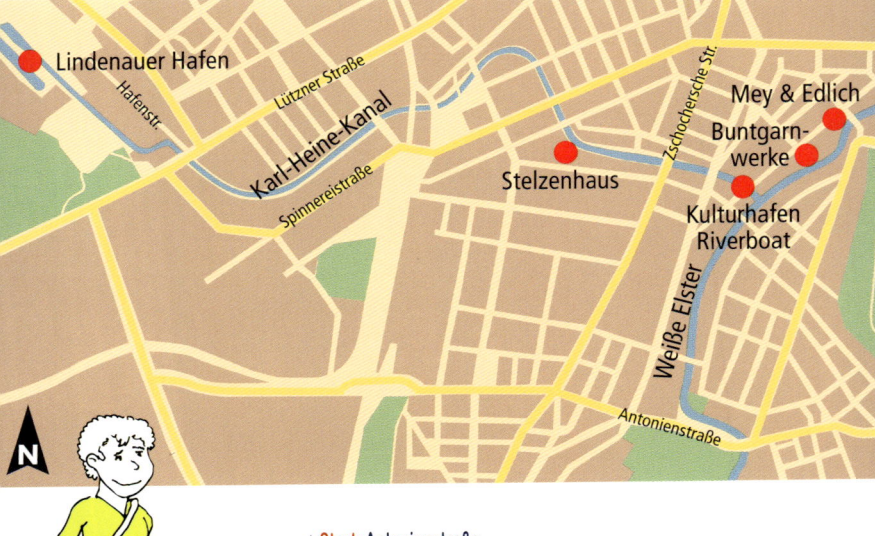

Lindenauer Hafen

Hafenstr.

Lützner Straße

Karl-Heine-Kanal

Spinnereistraße

Zschochersche Str.

Mey & Edlich

Buntgarn-werke

Stelzenhaus

Kulturhafen Riverboat

Weiße Elster

Antonienstraße

N

Start: Antonienstraße

Wie kommst du zum Start?
Straßenbahn 1 Röderstraße **Bus** 60 Röderstraße **Auto** Parkplatz am Volkspark Kleinzschocher, einige Parkplätze am Bootsverleih Herold

Auf den Wasserstraßen muss sich Leo immer rechts halten. Vorsicht und gegenseitige Rücksichtnahme sind genauso nötig wie auf anderen Straßen auch. Motorboote haben immer Vorfahrt vor Paddelbooten.

Vor rund 150 Jahren, in der sogenannten Gründerzeit, entwickelte sich der Leipziger Westen zu einem wichtigen Industriezentrum. Der Rechtsanwalt Carl Heine kaufte vor allem in Plagwitz große Grundstücke, um dort Fabriken zu bauen. In ihnen wurden u.a. Maschinen gebaut und Textilien hergestellt.

Nach dem Ende der DDR 1990 mussten die meisten Fabriken schließen. Aber die ehemaligen Fabrikgebäude wurden oft saniert, und es entstanden viele tolle Wohnungen, Büros und Ateliers. Heute

Wie heißt der bekannteste Künstler der Neuen Leipziger Schule, von dem auch Bilder im Neuen Bildermuseum in der Nähe des Marktes zu sehen sind? Tipp: Schau doch mal im Kapitel „Der Markt" nach!

[ ] Neo Rauch   [ ] Leo Schmauch   [ ] Rio Bauch

wohnen dort oft Künstler und andere kreative Menschen. Im Tapetenwerk oder der alten Spinnerei sind besonders viele Ateliers zu finden. Dort arbeiten Maler der sogenannten Neuen Leipziger Schule. Das ist eine Strömung der modernen Malerei, der viele bekannte Leipziger Künstler angehören.

In den letzten Jahren sind auch viele Studenten nach Plagwitz und ins benachbarte Lindenau gezogen. Zugleich entstanden zwischen der Karl-Heine-Straße und dem Lindenauer Markt viele kleine Läden, Restaurants und Cafés mit leckerem Kuchenangebot.

Bevor Leo los-paddelt, fragt er beim Bootsverleih nach. Manche Flussarme sind zu bestimmten Zeiten gesperrt, damit der seltene Eisvogel in Ruhe brüten kann. Den Eisvogel sieht Leo auch in den befahr-baren Gewässern. Er hat ein türkisfarben leuchtendes Gefieder und jagt in Ufernähe nach kleinen Fischen. Dafür stürzt er sich kopf-über ins Wasser.

Dieses spannende Stadtviertel kannst du aus einem ungewöhnlichen Blickwinkel erkunden, nämlich vom Paddelboot aus. Zu einem Bootstrip auf der Weißen Elster kannst du z.B. vom Klingerweg (Bootsverleih Klingerweg) oder von der Antonienstraße (Bootsverleih Herold) starten. Die folgende Tour beginnt in der Antonienstraße.

Neben dem Fluss führt ein Radwanderweg durch die Stadt. Auf dem kannst du im Süden bis ins Vogtland fahren und im Nordwesten bis nach Halle an der Saale. Wie heißt der Radweg wohl?

- [ ] Elster-Radweg
- [ ] Sperlings-Radweg
- [ ] Amsel-Radweg

Vom Paddeln hat Leo schon ordentlich Muskelkater bekommen, vor allem wenn er aus Versehen in einen Bereich gekommen ist, wo viele Wasserpflanzen wachsen. Wenn die am Paddel hängen bleiben, wird es richtig anstrengend.

Weiße Elster

Der größte Leipziger Fluss heißt Weiße Elster. Er kommt aus dem Süden und fließt nach Nordwesten durch die ganze Stadt. Fährst du mit dem Paddelboot von der Antonienstraße flussaufwärts, kommst du an den prächtigen Villen und Wassergrundstücken von Großzschocher vorbei. Wenn du das Boot flussabwärts treiben lässt, erreichst du nach wenigen Minuten die Häuser von Schleußig (am rechten Ufer). Das Stadtviertel ist etwas Besonderes, weil es von allen Seiten von Flüssen und Kanälen umgeben ist. Die Häuser am linken Ufer gehören zu Plagwitz.

Karl-Heine-Kanal

Ursprünglich sollte der Karl-Heine-Kanal Schiffe mit Industriegütern bis zur Saale und von dort aus in die ganze Welt bringen. Den ersten Abschnitt des Kanals erreichst du, wenn du auf der Weißen Elster nach links abbiegst. Der Karl-Heine-Kanal wurde schon 1864 eingeweiht, doch fertiggebaut wurde er nie. Neuerdings kannst du auf ihm bis zum Lindenauer Hafen paddeln.

Beim Paddeln entdeckt Leo auch Nutrias. Sie sehen aus wie eine Mischung aus Biber und Bisamratte. Bis vor rund zwanzig Jahren gab es bei Leipzig Pelzfarmen, in denen Nutrias gezüchtet wurden. Als die geschlossen wurden, kamen viele der Tiere frei.

Carl Heine erzählt

Als ich die Grundstücke im Dorfe Plagwitz bei Leipzig erwarb, war mir eines klar: An dieser Stelle Fabriken zu bauen hatte nur dann Sinn, wenn man die nötigen Rohstoffe schnell heranschaffen und die fertigen Waren genauso schnell in die Welt verschicken konnte. Nachdem ich meine Doktorarbeit über Wasserstraßen geschrieben hatte, setzte ich viel Kraft und Geld für den Bau eines Kanals von der Weißen Elster bis zur Saale ein. Mit diesem Gewässer sollte der Leipziger Westen eine Verbindung zu den großen deutschen Wasserstraßen bekommen. Auch Straßen und Brücken ließ ich bauen. Zwar wurde der Kanal nie fertig, trotzdem konnte ich mit eigenen Augen sehen, wie das Gebiet wuchs und wuchs. Ich wohnte nämlich in einer Villa in der Könneritzstraße 1, in dem Stadtteil, der direkt bis an die Weiße Elster heranreicht. Wie heißt dieser Stadtteil?

S c . l e . ß . g

Kulturhafen Riverboat

Gleich hinter der Einfahrt in den Kanal steht ein windschnittiges Gebäude auf einer Eisenbahnbrücke. Das ist der Kulturhafen Riverboat: ein kulturelles Zentrum mit

Büros und einem Veranstaltungsraum, in dem manchmal Kinderprogramme stattfinden. Früher wurde von hier die MDR-Fernsehsendung River-boat live gesendet.

Stelzenhaus

Die alte Fabrik auf der linken Seite des Karl-Heine-Kanals sieht aus, als stünde sie auf dürren Beinen. Früher befand sich hier die Wellblechfabrik Grohmann & Frosch. Heute sind in dem Gebäude Wohnungen, Ateliers und das beliebte „Stelzenhaus Restaurant" untergebracht. Es gibt eine Bootsanlegestelle.

Ruderboot, Motor-boot, Kajak – Leo hat schon alle möglichen Gefährte auf Leipzigs Wasserstraßen getestet. Am entspannendsten war die Fahrt auf der echten venezianischen Gondel.

Lindenauer Hafen

Zwischen 1934 und 1943 wurde in Lindenau ein Hafen für den Karl-Heine-Kanal angelegt. Da der Kanal jedoch nicht zu Ende gebaut wurde und deshalb nie bis zum Hafen reichte, wurde auch der Hafen nicht fertiggestellt. Erst 2015 wurde der Kanal bis zum Hafen verlängert. Du findest hier nun moderne Stadthäuser mit vielen Cafés.

Der Lindenauer Hafen wäre beinahe für ein paar Wochen Heimat für die allerbesten Sportler der Welt geworden, denn hier sollte ein Sportler-Dorf entstehen. Kannst du dir denken, für welche Veranstaltung sich Leipzig beworben hatte?

☐ Die Wasserball-Europameisterschaft 2010

☐ Die Olympischen Sommerspiele 2012

☐ Die Weltmeisterschaft im Angeln 2014

Buntgarnwerke

Wenn du nach dem Abzweig zum Karl-Heine-Kanal weiter auf der Weißen Elster paddelst, erblickst du auf der Plagwitzer Seite eine der beeindruckendsten Fabrikanlagen des Leipziger Westens. Schon in den 1870er Jahren wurde hier eine Textilfabrik gebaut, sie hieß Tittel & Krüger. Die wurde dann in Sächsische Wollgarnfabrik unbenannt und vergrößerte sich sehr schnell. In der DDR trug die Fabrik den

Na men Buntgarnwerke. Sie bestand bis 1992. Heute beherbergt das prächtige Gebäude u.a. große Wohnungen.

Mey & Edlich

Nur ein paar Meter nach den Buntgarnwerken siehst du am linken Ufer den Schriftzug Mey & Edlich. Hier sitzt das älteste Versandhaus von Deutschland. Schon 1867 begann Ernst Mey, Papierkragen für Hemden herzustellen und zu vertreiben. Seitdem haben der Name und die Besitzer oft gewechselt. Heute wird von hier aus teure Kleidung versendet.

Entlang der Gewässer gibt es viele Anlegestellen. Manchmal macht Leo einfach halt, z.B. zum Mittagessen.

▸ **Hunger/Durst?**
Kanal 28: Café und Restaurant, besonders beliebt ist der Brunch am Wochenende – **Ristorante da Vito**, Nonnenstraße 11b: italienisches Restaurant – **Prellbock**: Deftiges, wochentags Mittagsangebote

▸ **WC**:
Am Bootsverleih

Spiel, Spaß und Ruhe

Innenstadtparks und Stadion

♦ **Start:** Galopprennbahn Scheibenholz

Wie kommst du zum Start?
♦ **Bus** 89 Telemannstraße ♦ **Auto** Parkplätze am Rennbahnweg (an Renntagen unbedingt mit ÖPNV anreisen)

Der Auwald zieht sich wie ein grüner Streifen durch Leipzig. Im Zentrum der Stadt unterbricht eine große Parkfläche diesen Wald. Hier gehen der Clara-Zetkin-Park, der Johanna-

Ein Teil der Parkanlagen wurde 1897 als König-Albert-Park angelegt. 177 119 Goldmark nahm die Stadt dazu aus dem Nachlass eines Kaufmannes, der auch schon ein nach ihm benanntes Museum in Leipzig hatte bauen lassen. Wie hieß der Mann? Tipp: Schau mal im Kapitel „Von der Bibliothek zum Fockeberg" nach!

☐ Johann Wolfgang Goethe   ☐ Franz Dominic Grassi   ☐ Albert Einstein park und weitere Anlagen wie der Palmengarten und der Richard-Wagner-Hain nahtlos ineinander über.

Galopprennbahn Scheibenholz

Hier fühlen sich alle wohl, die schnelle Pferde mögen. Pferderennen finden an ausgewählten Wochenenden von Mai bis Oktober statt. Als sich im Mai 1863 der Leipziger Rennklub gründete, war er einer der ersten Rennvereine in Deutschland. Die ersten Galopprennen fanden noch weit draußen am Rande der Stadt statt. Bald aber veranstaltete der Verein seine Rennen auf dem neuen Gelände im Scheibenholz. Die Tribüne stammt noch aus dem Jahr 1907, wurde jedoch von 2010 bis 2012 saniert.

Am liebsten geht Leo am 1. Mai auf die Galopprennbahn. Dann findet der Aufgalopp statt, mit dem die Saison eröffnet wird. Da machen sich die Besucher schick. Viele Frauen tragen sogar Hüte. Für Kinder gibt es Ponyreiten und viele Spiele.

Musikpavillon

In einem Park spazieren gehen und Musik hören, das passt gut zusammen. Vor 100 Jahren gab es noch keine Handys und keine Kopfhörer. Wenn man Musik hören wollte, brauchte man dafür echte Musiker. Und damit diese einen schönen Platz für ihre Konzerte hatten, bauten die Leipziger 1912 den Musikpavillon im Clara-Zetkin-Park. Der verfiel im Laufe der Jahre, wurde aber zu seinem 100-jährigen Geburtstag wiederhergestellt. Seitdem gibt es dort einen Biergarten. Sehr schön ist das moderne Gemälde an der Decke des Pavillons, das Studenten geschaffen haben.

In den Innenstadtparks gibt es viele Spielplätze. Am liebsten geht Leo auf den Spielplatz Rennbahnweg im Clara-Zetkin-Park. Der ist einer der größten in Leipzig.

Sachsenbrücke

Zwischen den Parks stößt du auf das Elsterflutbett. Das ist ein künstlicher Flusslauf, der bei Hochwasser das übertretende Wasser der Weißen Elster aufnimmt. Viele Wassersportler trainieren hier. Über das Elsterflutbett führt die Sachsenbrücke. Sie soll an die vielen sächsischen Soldaten erinnern, die während der Völkerschlacht von Napoleon zu dessen Gegnern übergelaufen sind. Heute ist die Brücke ein beliebter Treffpunkt von jungen Leipzigern. Im Sommer spielen dort oft Straßenmusiker, und Straßenkünstler zeigen ihre Tricks.

Die Parks sind flach, in der Nähe der Sachsenbrücke gibt es aber einen Hügel. Leo grinst wegen seines Namens – die Leipziger nennen ihn die Warze. Im Winter fährt Leo hier manchmal Schlitten.

Am Elsterflutbecken lässt es sich gut angeln. Welchen Fisch bekommst du hier aber garantiert nicht an den Haken? Wenn du dir nicht sicher bist, frag doch mal einen Angler!

☐ Graskarpfen ☐ Katzenhai ☐ Zwergwels

Palmengarten

Palmen findet man schon lange nicht mehr im Palmengarten. Aber es ist eine sehr schöne Grünanlage mit seltenen Bäumen. Als der Palmengarten 1899 eröffnet wurde, lockte ein

großes Tropenhaus mit exotischen Pflanzen die vornehmen Besucher. Leider wurde dieses Palmenhaus abgerissen, als hier 1940 eine große Ausstellung zu Johannes Gutenberg stattfinden sollte, der 500 Jahre vorher den Buchdruck erfunden hatte. Zu der Feier zu Ehren von Gutenberg kam es dann aber nicht, weil der Zweite Weltkrieg begonnen hatte.

Richard-Wagner-Hain

In den 1930er Jahren entstand diese Parkanlage am Ufer des Elsterbeckens. Im Mittelpunkt sollte eigentlich ein großes Denkmal für den berühmten Komponisten Richard Wagner stehen. Vor dem Zweiten Weltkrieg wurde mit dem Bau begonnen, zu DDR-Zeiten wurde das unter Hitler geplante Projekt jedoch nicht fertiggestellt. Heute ist der Richard-Wagner-Hain eine beliebte Picknickwiese.

Manchmal skatet Leo die ganze Anton-Bruckner-Allee entlang. Über einen Kilometer zieht sich die Straße wie ein Asphaltband quer durch den Park. Autos dürfen hier nicht fahren.

Festwiese vor dem Stadion

Die Festwiese wurde wie der Richard-Wagner-Hain zur Zeit des Nationalsozialismus angelegt. Später wurde sie dann ein Teil des Sportforums. Zu ihm gehören neben der Festwiese auch die Arena, das Sportmuseum und das Stadion. Wenn du auf der Wiese stehst, siehst du den 43 Meter

Im Jahr 2009 ist der Getränkekonzern Red Bull in den Leipziger Fußball eingestiegen. Heute ist RB Leipzig der erfolgreichste Fußballverein der Stadt und spielt im ehemaligen Zentralstadion, das heute Red Bull Arena heißt. Weil Vereinsnamen keine Werbung enthalten dürfen, darf der Verein aber nicht Red Bull heißen. Wofür steht RB offiziell?

☐ Rumpeldibumm   ☐ Rot-Blau   ☐ Rasenballsport

hohen Glockenturm mit der Freitreppe. Die Stufen führen zum Stadion. Als es 1954 eröffnet wurde, war das Zentralstadion mit 100 000 Plätzen das zweitgrößte Stadion in Europa. Unter allen Fußballspielen der DDR-Liga war das bestbesuchte das ausverkaufte Derby zwischen Rotation und Lok Leipzig (1:2) am 9. November 1956. Im Jahr 2000 wurde das Stadion zu einem reinen Fußballstadion umgebaut, in dem u.a. Spiele der Fußballweltmeisterschaft 2006 stattfanden. Im Stadion und auf der Festwiese werden zudem viele Open-Air-Konzerte veranstaltet.

Zur Festwiese geht Leo gern am Wochenende. Oft finden hier große Wochen- und Flohmärkte statt.

▸ **Hunger/Durst?**
Kowalski, Mozartstraße 8: Kaffee, Kuchen, Mittagessen – Glashaus im Clara-Zetkin-Park: in der Nähe vom großen Spielplatz, drinnen schick, draußen rustikal – ZierlichManierlich: Sommerimbiss am Richard-Wagner-Hain

▸ **Spektakel:**
Konzerte und Theateraufführungen auf der Parkbühne – Hörspielsommer auf dem Richard-Wagner-Hain – Mehrmals jährlich Kleinmesse am Cottaweg

▸ **Kanuverleih:**
Am Scheibenholz

Wie kommst du zurück ins Stadtzentrum?
▸ Straßenbahn 3, 7, 15 ab Sportforum

Sommer, Sonne, Strand
Das Neuseenland

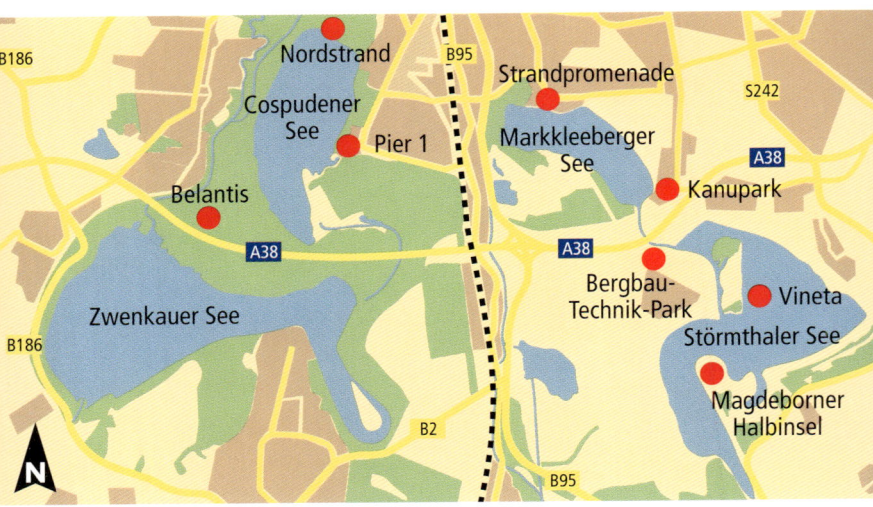

Nordstrand

B186

B95

Strandpromenade

S242

Cospudener See

Pier 1

Markkleeberger See

A38

Belantis

Kanupark

A38

A38

Bergbau-Technik-Park

Vineta

Zwenkauer See

Störmthaler See

B186

Magdeborner Halbinsel

B2

B95

N

◆ **Startpunkt:** Cospudener See

Wie kommst du zum Start?

◆ Bus 79 Cospudener See Nordstrand ◆ Auto verschiedene Parkplätze am See

Wenn Leo einen Tag am See verbringen will, packt er ein kleines Zelt ein, denn dort gibt es wenig Schatten. An vielen Stränden kann man auch keine Sonnenschirme oder Strandkörbe mieten.

Vor wenigen Jahren sah es südlich von Leipzig noch aus wie auf dem Mond. Jahrzehntelang wurde auf riesigen Flächen Braunkohle für Kraftwerke abgebaut. Zurück blieben gigantische Tagebaulöcher. Seit mehreren Jahren wird die Gegend in ein riesiges Bade- und Erholungsgebiet verwandelt. Dafür werden die alten Tagebaue geflutet. Die Leipziger nennen ihr Wasserparadies liebevoll Neuseenland. Weit über ein Dutzend Seen gehören zu dem Gebiet. Hier findest du alles, was du dir für einen Urlaub wünschst. Mehrere große Seen sind durch Kanäle verbunden, so dass du mit dem Boot viele Stunden unterwegs sein kannst.

Als sich die Mondlandschaft des Bergbaugebiets in ein neues Seen-
gebiet verwandelte, wurde dafür ein Name gesucht. Durch den Insel-
staat Neuseeland auf der gegenüberliegenden Seite der Erde kamen die
Leipziger auf das Wortspiel Neuseenland. Schätze mal, wie groß die Entfernung zwischen Neuseenland und Neuseeland ist!

☐ 1180 Kilometer   ☐ 4120 Kilometer   ☐ 18 240 Kilometer

Cospudener See

Der Cospudener See ist bei den Leipzigern
ganz besonders beliebt, weil er mit dem Fahr-
rad durch den Auwald zu erreichen ist. Am
Nordstrand sieht es im Sommer manchmal
aus wie auf einer spanischen Urlaubsinsel,
so eng liegen die Badegäste am Strand neben-
einander. Besonders beliebt bei Familien ist
auch das östliche Ufer. In der Nähe des Weißen Hauses, in dem sich ein Restaurant befindet, gibt es einen kleinen Spielplatz direkt
am Strand.

Die Hafenanlage Pier 1 für Boote und Jach-
ten sieht aus wie ein Fischerdorf. Hier kannst

Leo hat noch einen
Tipp: Der Wild-
park befindet sich ganz in der
Nähe vom Cospudener See. Dort
beobachtet er gerne die einheimischen Wildtiere, wie z.B. Hirsche
und Füchse, aber auch Luchse.

du Fahrräder oder Fahrradkutschen ausleihen und mit Tret- und Paddelbooten auf dem See fahren. Es gibt auch einen Spielplatz.

Der Nordstrand am Cospudener See ist der größte Sandstrand von Sachsen. Er ist 70 Meter breit. Wie lang ist er wohl?

☐ 5 Meter ☐ 50 Meter ☐ 1 Kilometer

Zwenkauer See

Der Zwenkauer See ist der größte See im Leipziger Neuseenland. Durch einen Kanal können Boote vom benachbarten Cospudener See herüberfahren.

Markkleeberger See

Die Leipziger erreichen den Markkleeberger See meist an der Seepromenade am Nordufer. Die Straßenbahn (Linie 11) fährt nämlich fast bis an die Promenade heran. Gleich neben den Cafés und Freisitzen findest du auch einen beliebten Strand, der zum Baden, Toben und Sonnen einlädt.

Entlang des Markkleeberger Sees hin zum Störmthaler See führt der Geopfad. Du erkennst ihn an den rostbraunen, über drei Meter hohen Infosäulen. Hier erfährst du viel über Gestein und Erdgeschichte. Auch von den Spuren 200 000 Jahre alter Siedlungen, die der Bergbau zutage gefördert hat, wird hier berichtet. Was kannst du hier finden?

☐ Sandalen

☐ Werkzeuge

☐ Blechpfannen

Kanupark am Markkleeberger See

Der Kanupark südöstlich des Markkleeberger Sees ist eine künstlich angelegte Wasserstrecke. Das Wasser schießt hier mit großer Wucht durch einen Kanal. Wenn in Leipzig die Olympischen Spiele 2012 stattgefunden hätten, wären hier die Kanuten um die Medaillen gefahren. Inzwischen finden im Kanupark Europameisterschaften und andere Wettkämpfe statt, viele Profis trainieren hier. Wer selbst im Schlauchboot oder auf einem Reifen den Wildwasserkanal runterrasen will, muss mindestens 12 Jahre alt sein.

Leo kennt einen echten Geheimtipp oberhalb des Kanuparks am Markkleeberger See: den Modellbaupark. Hier fahren Modelleisenbahnen, und es gibt extra Fahrzeuge für Kinder.

Von vielen Stränden sieht man die Kühltürme des Kraftwerks Lippendorf. Hier wird seit 1999 Strom erzeugt. Woraus wird dieser gewonnen?

☐ Rotkohle ☐ Braunkohle ☐ Grünkohle

Störmthaler See

Vom Markkleeberger See kommst du mit dem Boot über die Kanuparkschleuse zum Störmthaler See. Hier gibt es die Ferienanlage Lagovida, in der viele Besucher Urlaub machen.

Etwas ganz Besonderes ist die schwimmende Insel Vineta. Sie liegt genau über der Stelle, an der sich früher das Dorf Magdeborn befand. Es musste 1980 dem Tagebau Platz machen, nachdem alle Bewohner

Vom Land direkt ins Wasser fahren, das geht nur am Störmthaler See. Leo empfiehlt die Tour mit dem Amphibienfahrzeug aus dem Jahr 1942. Das Fahrzeug, das auf Land und Wasser fahren kann, hat seinen Namen von den Tieren, die im Wasser und auf dem Land leben können.

weggezogen waren. Ganz Vineta ist ein Mahnmal für die abgerissenen Orte in der Tagebauregion. Du erreichst die Insel mit einer Fähre von der Magdeborner Halbinsel.

Bergbau-Technik-Park

Zwischen dem Strömthaler und dem Markkleeberger See stehen zwei riesige Braunkohlefördermaschinen. Eigentlich sollten sie in den 1990er Jahren schon verschrottet werden. Heute aber bilden der Schaufelradbagger und das 2400 Tonnen schwere Bandabwurfgerät die Herzstücke des Bergbau-Technik-Parks. Hier wird der Braunkohleabbau anschaulich erklärt – auch extra für Kinder.

Für alle, die öfter nach Belantis kommen, hat Leo einen Tipp: Die Saisonkarte ist preiswerter, als wenn man zweimal Eintritt zahlt.

Belantis

Wenn du von der Autobahn kommst, siehst du von Belantis zuerst das blaue Märchenschloss. Dahinter wartet der größte Erlebnispark in Ostdeutschland mit

rund 60 Attraktionen und Shows auf dich – da ist für jedes Alter und jeden Geschmack etwas dabei. Für alle, die den Nervenkitzel lieben: Huracan ist eine der aufregendsten Achterbahnen in Deutschland, mit einem senkrechten Anstieg auf über 32 Meter, freiem Fall aus dieser Höhe und fünf Überschlägen. In der größten Pyramide von Europa kannst du eine Wildwasserbahn runtersausen. Auch die Kleinsten kommen auf ihre Kosten – bei Märchenshows, Miniachterbahn und Kinderkarussell.

▸ **Hunger/Durst?**
Wasserwirtschaft am Pier 1 des Cospudener Sees: leckerer Fisch – **Pressoway** am Pier 1 des Cospudener Sees: Kuchen und Imbiss – **Biergarten Pier 1** am Cospudener See: Imbiss – Cafés und Restaurants an der Strandpromenade des Markkleeberger Sees – **Vineta-Bistro** am Störmthaler See: mit Spielplatz

▸ **WC:**
An der Strandpromenade des Markkleeberger Sees – In allen Cafés und Restaurants an den Seen

▸ **Spektakel:**
See- und Hafenfest Cospuden – Paddelfestival am Kanupark Markkleeberger See – Hafenfest Zwenkau – Störmthaler Seefest

Hier wird gehandelt
Die Messe

♦ Start: Messe Leipzig

Wie kommst du zum Start?
♦ S-Bahn S1, S2, S5, S5X Leipzig Messe ♦ Straßenbahn 16 Messegelände ♦ Auto viele Parkmöglichkeiten am Neuen Messegelände, begrenzte Parkmöglichkeit am S-Bahnhof Leipzig Messe

Schon im Mittelalter wurde in Leipzig gehandelt. Kaufleute aus ganz Europa kamen bei ihren Reisen durch die Stadt und machten hier Station. 1165 bekam Leipzig das Stadt- und Marktrecht. Damals gab es viele kleine Länder, und oft stritten sich die adligen Besitzer. Deswegen war es besonders wichtig, dass Markgraf Dietrich von Landsberg im Jahre 1268 das sogenannte Geleitschutzprivileg für die

Das Logo der Messe ist seit 1917 ein doppeltes M. Was bedeutet es?

☐ Mustermesse   ☐ Messe und Markt   ☐ Manchmal Murks

Stadt ausstellte. Seitdem konnten sich alle Händler in der Stadt aufhalten, ohne angegriffen oder gefangen genommen zu werden – auch wenn sie aus Ländern kamen, mit denen der Markgraf gerade Streit hatte.

1497 stellte der römisch-deutsche König Maximilian I. die Leipziger Märkte unter den Schutz des Reichs, und zehn Jahre später verlieh er Leipzig das Messeprivileg. Das hatte zur Folge, dass im Umkreis von über 100 Kilometern keine andere Messe veranstaltet werden durfte.

Viele Jahrhunderte verkauften die Händler ihre Waren direkt auf der Messe. Als es immer mehr Fabriken gab und Waren in Massen hergestellt wurden, konnten die Hersteller nicht mehr alle Produkte mitbringen. Deswegen richtete Leipzig 1895 die weltweit erste Mustermesse aus. Die Aussteller zeigten nun nur noch einzelne Beispiele ihrer Neuheiten und schlossen auf der Messe Han-

Leo geht gern auf die Kleinmesse am Cottaweg in der Nähe des Stadions. Das ist eigentlich ein Jahrmarkt. Aber weil die Leipziger so stolz auf ihre Messetradition sind, nennen sie den Trubel Kleinmesse.

delsverträge ab. In dieser Zeit entstanden die großen Messehäuser, die du in der Innenstadt bis heute findest: das Ring-Messehaus (Tröndlinring), das Messehaus am Markt (Markt 16) oder das Städtische Kaufhaus (Neumarkt 9). Die Technische Messe (Alte Messe, siehe Kapitel „Vom Völkerschlachtdenkmal zum Botanischen Garten") wurde 1920 eingeweiht. Nach dem Ende der DDR 1990 waren die Messen in der Innenstadt nicht mehr zeitgemäß. Zu schwierig war es für die großen LKW, die Waren anzuliefern. Deshalb wurde 1996 das Neue Messegelände im Norden der Stadt eingeweiht. Hier finden heute Messen zu verschiedenen Themen statt.

Wenn es Zeitungsjunge Leo auf der Messe zu trubelig wird, geht er zu den Messe Mäusen. Bis zu drei Stunden kann er dort malen, basteln und spielen, während seine Eltern durch die Messehallen schlendern.

Buchmesse Leipzig

Jedes Jahr im März strömen Hunderttausende Leseratten zur Leipziger Buchmesse. Sie ist zwar längst nicht so groß wie die Frankfurter Buchmesse, aber das Besondere ist, dass hier viele Autoren aus ihren Büchern lesen. Für Kinder- und Jugendbücher gibt es eine eigene riesige Halle.

Auf der Buchmesse fotografiert Leo gern. Viele Jugendliche laufen als Comicfiguren verkleidet herum. Für die Fans von Cosplay und Manga ist die Messe ein beliebter Treff. Die Manga-Comic-Convention hat eine eigene Halle.

Sachsen ist Autoland. Zwei bekannte deutsche Autohersteller haben ganz in der Nähe der Neuen Messe Fabriken. Welcher Hersteller ist nicht dabei?

☐ Porsche ☐ BMW ☐ Citroën

Automobil International

Alle zwei Jahre zeigen die Autobauer ihre neuen Modelle in Leipzig. Die Messe „Automobil International" (AMI) ist die zweitgrößte Automesse in Deutschland. Ganz besonders in Leipzig ist, dass es auf dem Freigelände viele Teststrecken gibt. Auf denen dürfen die Besucher mit den tollen Autos fahren. In einem Ausstellungsbereich kannst du dir auch seltene Oldtimer anschauen.

Zur Model-Hobby-Spiel packt Leo Ohrenstöpsel ein. Beim Messe Cup wird's nämlich laut: In einer Halle fahren Mini-Autos über einen abenteuerlichen Kurs.

Auf der Messe „Modell-Hobby-Spiel" stellt sich auch der Leipziger Drachenverein Modschegiebchen vor. Was bedeutet sein sächsischer Name? Tipp: Es bezeichnet ein kleines Tier, das Glück bringen soll.

M . r . . n k . f . r

Modell-Hobby-Spiel

Im Herbst strömen die Besucher in Scharen zur größten deutschen Messe für Modellbau, Modellbahnen, kreatives Gestalten und Spiel. Seit einigen Jahren werden am Kinder-Erfindertag die tollsten Ideen von jungen Tüftlern ausgezeichnet.

Haus-Garten-Freizeit

Jedes Jahr im Februar nimmt die „Haus-Garten-Freizeit" den kommenden Frühling für Haus und Garten vorweg. Dorthin gehst du am besten donnerstags, dann ist Kindertag. Hier warten ein buntes Programm und viele Tiere vom Bauernhof auf dich.

Partner Pferd

Am Beginn jeden Jahres steht der starke Freund des Menschen, das Pferd, im Mittelpunkt des Geschehens auf dem Messegelände. „Partner Pferd" ist die größte Pferdesportveranstaltung in Ostdeutschland. Daneben zeigen die Aussteller auf der Messe Reitkleidung, -ausrüstung und vieles mehr. Für Kinder gibt es extra eine Erlebniswelt. Dort kannst du z.B. einem Sattlermeister bei der Arbeit helfen oder spannende Western- und Indianergeschichten erleben.

Auf der Messe „Partner Pferd" gibt es viele Shows, z.B. wird das Westernreiten gezeigt. Was ist typisch für diesen Reitstil?

☐ Der Reiter trägt einen Revolver.

☐ Die Zügel werden nur mit einer Hand gehalten.

☐ Dem Pferd werden Federn in die Mähne geflochten.

▸ **Hunger/Durst?**
Restaurants zwischen den Hallen – Snackbars in den Hallenecken

▸ **WC:**
An allen Hallenausgängen

▸ **Führungen:**
Führungen zu Kunstwerken auf dem Messegelände können mit etwas Vorlauf gebucht werden

Service

Baden und Schwimmen

Grünauer Welle: Städtisches Hallenbad mit Erlebnisbereich, Rutsche und Sauna.
Stuttgarter Allee 7, S-Bahn S1 Allee-Center, Tel. 0341 / 415 29 90, www. sportbaeder-leipzig.de, Di / Do 12–22 Uhr, Mi 7–22 Uhr, Fr 12–15 Uhr, Sa 10–21 Uhr, So 10–18 Uhr, Eintritt: Eine Stunde ab 2,70 €.

Ökobad Lindenthal: Ökologischer Badeteich mit Kleinkinder-, Schwimmer- und Nichtschwimmerbereich, 35-Meter-Rutsche, Liegewiese.
Am Freibad 3 (OT Lindenthal), Tel. 0341 / 461 31 82, www.sportbaederleipzig.de, Eintritt: Kinder 3 €, Erwachsene 4 €.

Sachsen-Therme: Spaßbad mit Strömungskanal, 120-Meter-Rutsche, Hot-Whirlpool, Freibadbereich u.v.m.
Schongauerstraße (OT Paunsdorf), Straßenbahn 3, 7 Paunsdorf Center, Tel. 0341 / 259 99 20, www.sachsen-therme.de, Mo–So 10–23 Uhr, Eintritt: Zwei Stunden ab 6 €.

Schreberbad: Freibad gleich neben der historischen Kleingartenanlage. Das Bad ist deshalb nach dem Vorreiter der Kleingärtner-Bewegung, Daniel Gottlob Moritz Schreber, benannt. Du findest hier Schwimmbecken, eine Breitrutsche, ein separates Planschbecken, eine große Liegewiese.
Schreberstraße 15, Straßenbahn 1, 2, 8, 14 Westplatz, Tel. 0341 / 23 49 33 80, www.sportbaeder-leipzig.de, Mo, Mi, Fr–So 9–21 Uhr, Di / Do 7–21 Uhr, die Öffnungszeiten sind wetterabhängig, Eintritt: Kinder 3 €, Erwachsene 4 €.

Sommerbad Kleinzschocher: 50-Meter-Becken, Nichtschwimmerbereich, Planschbecken, Spielplatz, Liegewiesen, Imbiss.
Küchenholzallee 75, Straßenbahn 1 Rödelstraße, Tel. 0341 / 401 14 89, www.sportbaeder-leipzig.de, Öffnungszeiten sind wetterabhängig, Eintritt: Kinder 3 €, Erwachsene 4 €.

Sommerbad Südost: Im Grünen im Leipziger Osten. Rutsche, Planschbecken, Liegewiesen, Imbiss.
Oststraße 173, Straßenbahn 4 Breslauer Straße, Tel. 0341 / 862 91 99, www.sportbaeder-leipzig.de, Öffnungszeiten sind wetterabhängig, Eintritt: Kinder 3 €, Erwachsene 4 €.

Sommerbad Schönefeld: Breitrutsche, Wasserpilz, Fontäne, Wasserspielplatz, Planschbecken, großer Spielplatz, Liegewiesen mit Schatten.
Volbedingstraße 39, Straßenbahn 1 Schönefeld / Volbedingstraße, Tel. 0341 / 233 04 66, www.sportbaeder-leipzig.de, Öffnungszeiten sind wetterabhängig, Eintritt: Kinder 3 €, Erwachsene 4 €.

Sportbad an der Elster: 50-Meter-Bahn, Planschbecken, Sauna. Oft von Vereinen belegt.
Antonienstraße 8, Straßenbahn 1 Rödelstraße, Tel. 0341 / 42 05 62 80, www.sportbaeder-leipzig.de, Öffnungszeiten je nach Jahreszeit, Eintritt: Eine Stunde ab 3,20 €.

Strände an vielen **Seen im Neuseenland**: *www.leipzigerneuseenland.de.*

Festivals

A cappella: Internationales Festival für Vokalmusik. Die besten Sänger der Welt in Leipzig. Familienkonzerte im Programm.
Im Mai an verschiedenen Orten, www.a-cappella-festival.de.

Bachfest Leipzig: Wird seit über 100 Jahren in Leipzig gefeiert. Das Festival hat mit „b@ch für uns!" eine eigene Reihe für Kinder und Jugendliche.
Im Sommer an verschiedenen Orten, www.bachfestleipzig.de.
DOK Leipzig: Wichtiges internationales Leipziger Festival für Dokumentar- und Animationsfilm.
Eine Woche im Herbst an verschiedenen Orten, www.dok-leipzig.de.
Hörspiel-Sommer Leipzig: Mit tollen Geschichten im Richard-Wagner-Hain entspannen. Programme für Kinder am Nachmittag.
Im Sommer im Richard-Wagner-Hain, Straßenbahn 3, 7, 8, 15 Sportforum, www.hoerspielsommer.de.
Klassik für Kinder: Konzerte für Klassikfans ab 5 Jahre.
An einem Wochenende im September an verschiedenen Ort, www.klassik-fuer-kinder-leipzig.de.
Leipziger Wasserfest: Bootsparade, Floßbauen und Musik. An den Flüssen und Seen der Stadt und drumherum.
An einem Wochenende im August an verschiedenen Orten, www.wasserfest-leipzig.de.

Indoor-Spielplätze
Euroeddy's FamilyFunCenter: Riesiger Abenteuerspielplatz. Hier kannst du klettern, springen, rutschen und toben auf vier Ebenen, mit Elektro-Quads fahren oder im elektrischen Alpenzug durch die Berglandschaft schaukeln. 8 Meter hohe Kletterwand.
Kastanienweg 1, Tel. 0341 / 940 62 44, www.euroeddy-leipzig.de, Mo / Fr 14.30–20 Uhr, Di–Do 14.30–19 Uhr, Sa / So 10–20 Uhr, Eintritt: Kinder bis 3 Jahre 6 €, Kinder bis 13 Jahre 8 €, Erwachsene 4,50 €.
KeinKrokodil im Schrank: Spielcafé in Gohlis. Platz zum Klettern und Toben für Kinder, mit Cafébereich, auch für Kindergeburtstage und Partys geeignet. Sonntags Frühstücksbüfett, 9–12 Uhr.
Georg-Schumann-Straße 171 (Axis Passage), S-Bahn S1 Leipzig-Möckern, Tel. 0341 / 909 77 02, www.keinkrokodil.de, Mi / Do 15–19 Uhr, Fr–So 15–19 Uhr.
Kinderland Leipzig: Großer Hallenspielplatz in Taucha, im Nordosten von Leipzig. Mit Trampolins, Hüpfburg, Kletterpark mit Riesenrutschen und Ballkanonen, Kletterwand, Wabbelberg und Fußballfeld.
Jubischstraße 1, 04425 Taucha, Straßenbahn 3 Theodor-Körner-Straße, Taucha, Tel. 034298 / 730 820, www.kinderland-leipzig.de, Mo–Fr 14–19 Uhr, Sa 10–20 Uhr, So 10–19 Uhr, Eintritt: Kinder 8,50 €, Erwachsene 4,50 €.
Kawi-Kids Leipzig: Spiel- und Bewegungsparadies in der Südvorstadt für Babys und Kleinkinder. Erlebnis-, Fühl-, Klangwände, Mattenlandschaften, Tunnel, Rutschen, Kletterhäuschen und Babybereiche. Gelegentlich: Flohmarkt, mobiler Friseur, Fotograf und Puppentheater.
August-Bebel-Straße 9, Straßenbahn 10, 11 Südplatz, Tel. 0177 / 254 93 90, www.kawi-kids.de, Mo–So 9–12 Uhr und 15–19 Uhr, Eintritt: Kinder 4,50 €, Erwachsene 3 €, ein Geschwisterkind zahlt 3 €.
Kitupiland Leipzig: Indoorspielplatz im Osten der Stadt. Separater Spielbereich für Kinder bis 3 Jahre. Für die Größeren Kletterlandschaft auf zwei Ebenen. Außerdem: Gesellschaftsspiele und Sportkurse für Kinder und Eltern.

*Holzhäuser Straße 124, Straßenbahn 4 Kolmstraße, Tel. 0341 / 86 38 20 30,
www.kitupiland.de, Di–Fr 14–19 Uhr, Sa / So 8.30–19 Uhr. Eintritt: Außerhalb der Ferien haben Papas dienstags freien Eintritt.*

Kinos

Cineding Leipzig: Kleines Programmkino.
*Karl-Heine-Straße 83, Tel. 034 / 23 95 94 74, www.cineding-leipzig.de,
Di–Sa 19–24 Uhr.*

Cineplex Leipzig: Multiplexkino.
*Ludwigsburger Straße 13 (OT Grünau), S-Bahn S1 Leipzig Allee-Center,
Tel. 0341 / 42 69 60, www.cineplex.de.*

Cinestar im Petersbogen: Multiplexkino.
*Petersstraße 44, S-Bahn S1, S2, S3, S4, S5, S5X Wilhelm-Leuschner-Platz,
www.cinestar.de.*

CT Lichtspiele Kino Taucha: Aktuelle Filme in zwei Sälen.
*Karl-Große-Straße 2, 04425 Taucha, Straßenbahn 3 An der Bürgerruhe,
Taucha, Tel. 034298 / 686 78, www.kino-taucha.de, Mo–Sa 14.30–22 Uhr,
Eintritt: Kinder bis 11 Jahre 5 €, Schüler 6 €, Erwachsene 7 €, dienstags
und donnerstags Kinotag.*

Kinobar Prager Frühling: Beliebtes Programmkino in der Südvor-
stadt.
*Bernhard-Göring-Straße 152, Straßenbahn 9, 10, 11 Connewitz / Kreuz,
Tel. 0341 / 306 53 33, www.kinobar-leipzig.de, Eintritt: Kinderfilme 4 €,
Schüler 5,50 €, Erwachsene 6,50 €.*

Passage Kinos Leipzig: Arthouse-Kino mit mehreren Sälen.
*Hainstraße 19 a, S-Bahn S1, S2, S3, S4, S5, S5X Markt, Tel. 0341 / 217 38 62,
www.passage-kinos.de.*

Regina-Palast: Aktuelle Filme in ehrwürdigem Gemäuer.
*Dresdner Straße 56, Straßenbahn 4, 7 Reudnitz / Koehlerstraße, Tel.
0341 / 649 21 11, www.bofimax.de.*

Schauburg: Programmkino mit drei Sälen.
*Antonienstraße 21, Straßenbahn 4, 7 Reudnitz / Koehlerstraße, Tel.
0341 / 424 46 41, www.kino-am-adler.de.*

Museen

Bach-Museum Leipzig: Alles über den Komponisten Johann Sebastian Bach. Vor wenigen Jahren zeitgemäß neugestaltet, viele interaktive Elemente.
*Thomaskirchhof 15–16, Straßenbahn 9 Thomaskirche, Tel.
0341 / 913 72 02, www.bachmuseumleipzig.de, Mo–So 10–18 Uhr. Eintritt:
Kinder frei, Erwachsene 8 €.*

Gedenkstätte Museum in der „Runden Ecke": Ausstellungen und
Veranstaltungen zu den Machenschaften der Stasi in der DDR. Ange-
bote für Schüler.
*Dittrichring 24, Straßenbahn 9 Thomaskirche, Tel. 0341 / 961 24 43,
www.runde-ecke-leipzig.de, Mo–So 10–18 Uhr, Eintritt: Schüler 3 €, 4 €
Erwachsene.*

Grassimuseum für Angewandte Kunst: Kostbarkeiten und Design-
geschichte. Angebote für Kinder verschiedener Altersklassen.
*Johannisplatz 5–11, Straßenbahn 4, 7, 12, 15 Johannisplatz, Tel.
0341 / 222 91 04, www.grassimuseum.de, Di–So 10–18 Uhr, Eintritt:
Kinder frei, Erwachsene 5 € (Dauerausstellung), freier Eintritt an jedem
ersten Mittwoch im Monat.*

Museum für Musikinstrumente der Universität Leipzig:
Deutschlands größte Musikinstrumentensammlung. Im Klanglabor
darfst du alles ausprobieren.
*Johannisplatz 5–11, Straßenbahn 4, 7, 12, 15 Johannisplatz, Tel.
0341 / 973 07 50, www.uni-leipzig.de, Di–So 10–18 Uhr, Eintritt: Kinder
bis 16 Jahre frei, Erwachsene 6 €, freier Eintritt jeweils am ersten Mittwoch im Monat.*

Grassimuseum Museum für Völkerkunde zu Leipzig: Reise
durch Kunst und Alltag in den Kulturen der Welt. Angebote für Kinder vom Kita-Alter bis zur Oberstufe.
*Johannisplatz 5–11, Straßenbahn 4, 7, 12, 15 Johannisplatz, 0341 / 973 19 19,
www.mvl-grassimuseum.de, Di–So 10–18 Uhr, Eintritt: Kinder frei,
Erwachsene 8 €, freier Eintritt an jedem ersten Mittwoch im Monat.*

Naturkundemuseum Leipzig: Tiere und Pflanzen. Viele Kinderan-
gebote in den Sommerferien.
*Lortzingstraße 3, Straßenbahn 1, 3, 4, 7, 9, 12, 14, 15 Goerdelerring, Tel.
0341 / 98 22 10, www.naturkundemuseum.leipzig.de, Di–Do 9–16.30 Uhr,
Fr. 9–13 Uhr, Sa / So 10–16.30 Uhr, Eintritt: Kinder frei, Erwachsene 1 €,
freier Eintritt an jedem letzten Sonntag im Monat.*

Panometer Leipzig: Aus alten, leerstehenden Gasometern (großen,
runden Gasspeichern) macht Yadegar Asisi Ausstellungsräume für
riesige Bilder, die den Betrachter umgeben und ihn mitten ins Ge-
schehen versetzen – Wimmelbilder in XXL!
*Richard-Lehmann-Straße 114, Straßenbahn 9 Richard-Lehmann-Straße /
Arthur-Hoffmann-Straße, Tel. 0341 / 355 53 40, www.asisi.de, Mo–So
10–18 Uhr, Eintritt: Kinder unter 6 Jahren frei, Kinder 6 €, Erwachsene
11,50 €.*

Unikatum Kindermuseum Leipzig: Wechselnde interaktive Mit-
mach-Ausstellungen für die ganze Familie.
*Zschochersche Straße 26, Straßenbahn 3, 14 Felsenkeller, Tel.
0341 / 306 19 86, www.kindermuseum-unikatum.de, Mai–August: Di–Fr
15–18 Uhr, Sa 15–19 Uhr, So 14–18 Uhr, September–April: Di–Fr 15–18 Uhr,
Sa 14–18 Uhr, So 10.30–13 Uhr und 14–18 Uhr, Eintritt: 8,50 € für Familien mit vier Personen.*

Zeitgeschichtliches Forum: Ständige Ausstellung über die Geschichte von Teilung und Einheit, Diktatur und Widerstand. Die Wechsel-
ausstellungen sind oft interaktiv und für Kinder interessant.
*Grimmaische Straße 6, S-Bahn S1, S2, S3, S4, S5, S5X Markt, Tel.
0341 / 22 20 0, www.hdg.de, Di–Fr 9–18 Uhr, Sa / So 10–18 Uhr, freier
Eintritt.*

Radio

Kinderprogramm MDR Figarino bei MDR Figaro und immer im Figa-
rino-Webradio unter *www.figarino.de.*

Stadtführungen und Stadtrundfahrten

Leipzig Details: Stadtrundgänge und -fahrten zu verschiedenen
Themen. Schülerrundgang, bei dem Kinder- und Jugendgruppen von
einheimischen Schülern durch die Stadt geführt werden.
Bernhard-Göring-Straße 152, Tel. 0341 / 303 91 12, www.leipzigdetails.de.

Leipzig Erleben: Von Mundart- und Kostümtouren bis zu Ganztages-
ausflügen, Stadtrallyes für Kinder und Schüler.
Katharinenstraße 8, Tel. 0341 / 710 42 80, www.leipzig-erleben.com.

Treffpunkt Leipzig: Themen- und Kostümführungen, Schülerrundgänge. Spannende Touren mit Nachtwächter Bremme: im Dunkeln durch Leipzig!
Barfußgäßchen 12, Tel. 0341 / 149 78 79, www.treffpunktleipzig.de.

Theater

Cammerspiele Leipzig: Freies Theater mit Anspruch, auch Aufführungen für Kinder.
Kochstraße 132 (im Werk 2), Straßenbahn 9, 10, 11 Connewitz / Kreuz, Tel. 0341 / 306 76 06, www.cammerspiele.de.

Musikalische Komödie: Operetten und Musicals an der Nebenspielstätte der Oper Leipzig, regelmäßig Aufführungen für die ganze Familie.
Dreilindenstraße 30, Straßenbahn 3, 7, 8, 15 Angerbrücke, Straßenbahnhof, Tel. 0341 / 126 12 61, www.oper-leipzig.de.

Oper Leipzig: Traditionsreiches Haus, eigene Reihen für Kinder verschiedener Altersklassen, Familienführungen. Zum Haus gehört auch das Leipziger Ballett.
Augustusplatz 12, Straßenbahn 4, 7, 8, 10, 11, 12, 14, 15, 16 Augustusplatz, Tel. 0341 / 126 12 61, www.oper-leipzig.de.

Puppentheater Sterntaler: Kleines Theater mit Puppentheater-Aufführungen für Kinder verschiedener Altersklassen.
Talstraße 30, Straßenbahn 4, 7, 12, 15 Johannisplatz, Tel. 0341 / 961 54 35, www.puppentheater-sterntaler.de.

Schauspiel Leipzig: Stadttheater mit mehreren Bühnen rund um den Hauptsitz in der Nähe der Gottschedstraße. Aufführungen für die ganze Familie.
Bosestraße 1, Straßenbahn 9 Thomaskirche, Tel. 0341 / 126 81 68, www.schauspiel-leipzig.de.

Theater der Jungen Welt: Das älteste professionelle Kinder- und Jugendtheater im deutschsprachigen Raum. Stücke für Kinder und Jugendliche bilden einen Schwerpunkt des Programms.
Lindenauer Markt 21, Straßenbahn 7, 8, 15 Lindenauer Markt, Tel. 0341 / 48 66 00, www.theaterderjungenweltleipzig.de.

Theater Fact: Freies Boulevardtheater. Regelmäßig Märchenaufführungen. Die Stücke des Hauses sind sehr lustig.
Hainstraße 1, S-Bahn S1, S2, S3, S4, S5 Markt, Tel. 0341 / 961 40 80, www.theater-fact.de.

Lindenfels Westflügel: Internationales modernes Figurentheater. Familienvorführungen im Programm.
Hähnelstraße 27, Straßenbahn 14 Karl-Heine-Straße / Merseburger Straße, Tel. 0341 / 260 90 06, www.westfluegel.de.

Tipp

Die Buslinie 89 (benannt nach der friedlichen Revolution von 1989) fährt durch die ganze Innenstadt bis in den Süden Leipzig. Du siehst auf dieser Fahrt viele Sehenswürdigkeiten.

Tourist-Information

Katharinenstraße. 8, Tel. 0341 / 710 42 60, www.ltm-leipzig.de, Mo–Fr. 9.30–18 Uhr, Sa 9.30–16 Uhr, So 9.30–15 Uhr.

Lösungen

S. 9: Die Turmbläser · S. 10: Johann Wolfgang von Goethe · S. 12: Etwas erleben · S. 14: Naschmarkt · S. 16: 6 · S. 19: Den Uhrturm am Markusplatz in Venedig · S. 21: Weil in den Häusern auch Tuchwaren gehandelt wurden, aus denen Gewänder gemacht wurden. · S. 23: Hamburg, Frankfurt, Berlin, Düsseldorf, Saarbrücken, Köln, Bern · S. 25: Handwerk · S. 26: Den gesamten Text des Alten und Neuen Testaments · S. 28: Dietrich der Bedrängte · S. 29: Karl May · S. 33: Gründer-Garten · S. 35: Sie haben kleinere Ohren. · S. 37: Ein berühmter Wissenschaftler, der untersuchte, wie Schimpansen mit Werkzeug umgehen. · S. 38: Giraffen · S. 42: Die Gleichberechtigung der Frauen · S. 43: Der Leipziger Löwe · S. 47: Ludwig van Beethoven · S. 49: Zeitschriften, Gedichte, Bücher, Hörspiele, Comics, Filme, DVDs, CDs · S. 50: Schlingel · S. 52: Ein Wachhaus · S. 53: Der Berg wurde nach dem Kaufmann August Adolf Focke benannt, der seiner Stadt viel Geld für wohltätige Zwecke hinterließ. · S. 55: Der Verein veranstaltete eine Lotterie. · S. 57: Über 750 000 · S. 59: Augustusplatz · S. 60: aus der Puppe · S. 63: Neo Rauch · S. 64: Elster-Radweg · S. 66: Schleußig · S. 68: Die Olympischen Sommerspiele 2012 · S. 70: Franz Dominic Grassi · S. 73: Katzenhai · S. 75: Rasenballsport · S. 77: 18 240 Kilometer · S. 78: 1 Kilometer · S. 79: Werkzeuge · S. 80: Braunkohle · S. 84: Mustermesse · S. 88 oben: Citroën · S. 88 mittig: Marienkäfer · S. 89: Die Zügel werden nur mit einer Hand gehalten.

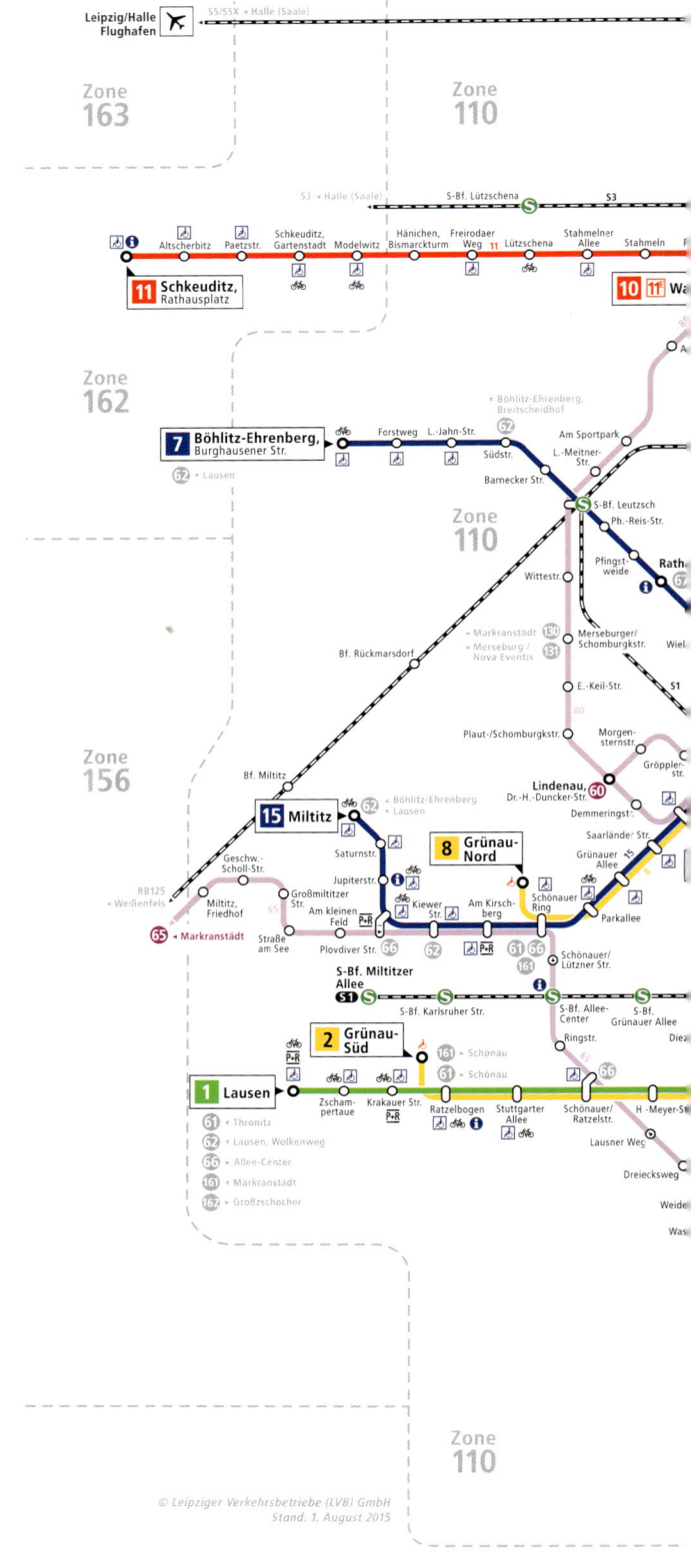

Liniennetzplan

Leipzig/Halle Flughafen

Zone 163
Zone 110
Zone 162
Zone 110
Zone 156
Zone 110

S5/S5X → Halle (Saale)

S3 → Halle (Saale)
S-Bf. Lützschena

Altscherbitz · Paetzstr. · Schkeuditz, Gartenstadt · Modelwitz · Hänichen, Bismarckturm · Freirodaer Weg · Lützschena · Stahmelner Allee · Stahmeln

11 Schkeuditz, Rathausplatz

10 11 Wa

7 Böhlitz-Ehrenberg, Burghausener Str.

Forstweg · L.-Jahn-Str. · Südstr. · Barnecker Str.

Am Sportpark · L.-Meitner-Str.

S-Bf. Leutzsch · Ph.-Reis-Str.

Pfingstweide

Wittestr.

Rath

→ Markranstädt · → Merseburg / Nova Eventis · Merseburger/ Schomburgkstr.

Wiel

Bf. Rückmarsdorf

E.-Keil-Str.

S1

Plaut-/Schomburgkstr.

Morgensternstr.

Gröpplerstr.

Bf. Miltitz

Lindenau, Dr.-H.-Duncker-Str. · **60**

Demmeringst.

15 Miltitz

→ Böhlitz-Ehrenberg · → Lausen

Saalfelder Str.

Saturnstr.

Grünauer Allee

Geschw.-Scholl-Str. · Großmiltitzer Str.

Jupiterstr.

Schönauer Ring

Parkallee

RB125 → Weißenfels

Miltitz, Friedhof

Am kleinen Feld

Kiewer Str. · Am Kirschberg

65 → Markranstädt

Straße am See

Plovdiver Str. · **66**

Schönauer/ Lützner Str.

161

S-Bf. Miltitzer Allee · **S1**

S-Bf. Karlsruher Str.

S-Bf. Allee-Center · S-Bf. Grünauer Allee

Ringstr.

Dial

2 Grünau-Süd

161 → Schönau

61 → Schönau

8 Grünau-Nord

1 Lausen

Zschampertaue · Krakauer Str. · Ratzelbogen · Stuttgarter Allee · Schönauer/ Ratzelstr. · H.-Meyer-St

61 → Thonitz

62 → Lausen, Wolkenweg

66 → Allee-Center

161 → Markranstädt

162 → Großzschocher

Lausner Weg

Dreieckweg

Weide

Was

© Leipziger Verkehrsbetriebe (LVB) GmbH
Stand: 1. August 2015

Zone 110